Confia no Senhor e faze o bem; assim habitarás na terra e te alimentarás em segurança.
Deleita-te também no Senhor, e ele te concederá o que deseja o teu coração.
Entrega o teu caminho ao Senhor; confia nele, e ele tudo fará.
E ele fará sobressair a tua justiça como a luz, e o teu direito como o meio-dia.

Salmo 37.3,6

Como passar em provas e concursos
RESUMO

WILLIAM DOUGLAS

Como passar em provas e concursos RESUMO

11ª edição, revista, ampliada e atualizada

EDITORA IMPETUS

Niterói, RJ

2021

© 2021, Editora Impetus Ltda.

www.williamdouglas.com.br

Editora Impetus Ltda.

Rua Alexandre Moura, 51 – Gragoatá – Niterói – RJ

CEP: 24210-200 – Telefax: (21) 2621-7007

EDITORAÇÃO ELETRÔNICA: SBNIGRI ARTES E TEXTOS LTDA.

CAPA: EDITORA IMPETUS LTDA.

REVISÃO DE PORTUGUÊS: C&C CRIAÇÕES E TEXTOS LTDA.

IMPRESSÃO E ENCADERNAÇÃO: EDITORA E GRÁFICA VOZES LTDA.

4ª Tiragem

D768c

Douglas, William, 1967- (William Douglas Resinente dos Santos)

Como passar em provas e concursos: resumo / William Douglas. – 11. ed. – Niterói, RJ: Impetus, 2021.

232 p. ; 16 cm x 23 cm.

ISBN: 978-85-7626-951-9

1. Serviço público – Brasil – Concursos. 2. Método de estudo. 3. Exames – Manuais, guias, etc. I. Título.

CDD: 351.81076

www.impetus.com.br

O AUTOR

- Desembargador Federal do TRF 2
- Professor Universitário, ex-professor da UFF (concursado, cargo efetivo), professor em diversas universidades públicas e privadas
- Professor Pesquisador-associado na UFMT, no Grupo "NUPEDIA: teoria e a prática do Direito com reflexos na justiça exponencial"
- Mestre em Direito pela Universidade Gama Filho – UGF
- Pós-graduado em Políticas Públicas e Governo – EPPG/ COPPE/UFRJ
- Bacharel em Direito pela Universidade Federal Fluminense – UFF
- Conferencista da Escola da Magistratura do Estado do Rio de Janeiro – EMERJ
- Doutor honoris causa da ESA – Escola Superior de Advocacia – OAB/RJ
- Já ministrou aulas nos cursos de educação continuada da Escola de Pós-Graduação em Economia da Fundação Getulio Vargas – EPGE/FGV
- Membro das Bancas Examinadoras de Direito Penal dos V, VI, VII e VIII Concursos Públicos para Delegado de Polícia/RJ, sendo Presidente em algumas delas
- Conferencista em simpósios, seminários, empresas, universidades e cursos preparatórios
- Já exerceu as atividades de Advogado, Delegado de Polícia, Defensor Público, Professor de Direito Processual na Universidade Federal Fluminense – UFF e Professor em vários cursos preparatórios
- Mais de 50 livros publicados, com mais de 1,3 milhão de livros vendidos
- Falou, em palestras, para mais de 2,5 milhões de pessoas
- Agraciado com 4 medalhas militares, diversas medalhas civis e 3 prêmios pela atuação na área de inclusão social e racial
- Membro da Associação Inter-religiosa de Juristas para o Diálogo e a Paz
- Embaixador da Missão Vida, que recupera moradores de rua, Membro da Educafro, OSCIP católica franciscana que trabalha com inclusão social e racial, Professor voluntário no Coletivo Justiça Negra Luiz Gama e Coordenador de Empreendedorismo do Projeto Cristolândia, da Junta de Missões Nacionais, da Convenção Batista Brasileira

PRIMEIRO COLOCADO EM VÁRIOS CONCURSOS PÚBLICOS

- 1º colocado no Concurso Público para Juiz de Direito/RJ
- 1º colocado no Concurso Público para Defensor Público/RJ
- 1º colocado no Concurso Público para Delegado de Polícia/RJ
- 4º colocado no Concurso Público para Professor de Direito, na Universidade Federal Fluminense – UFF

- 5º colocado no Concurso Público para Analista Judiciário/TRF da 2ª Região
- 8º colocado no Concurso Público para Juiz Federal/TRF da 2ª Região
- 1º colocado no CPOR/RJ (Arma de Infantaria)
- 1º colocado no Vestibular para Direito/UFF
- 3º colocado em concurso nacional de monografias sobre a Justiça Federal (trabalho publicado pelo Centro de Estudos Judiciários do CJF/STJ, na Série Monografias do CEJ, volume 2)

PERFIL COMO MAGISTRADO: UM JUIZ PRODUTIVO, CRIATIVO E EMPENHADO EM MELHORAR A GESTÃO PÚBLICA

- 1º colocado no ranking de produtividade de sua Subseção Judiciária (Niterói/Maricá) por diversas vezes
- Criador de uma nova metodologia e abordagem na GESTÃO PÚBLICA, já premiada várias vezes e objeto de estudo em tese de doutorado apresentada na Uninove/SP, pela pesquisadora Sandra Nigri, professora da UFMT. Este modelo integra a lista de Melhores Práticas de Gestão do Conselho Nacional de Justiça e o *Banco de Boas Práticas* do Prêmio Innovare (Edição 2004)
- Profere palestras regulares em órgãos do Poder Judiciário, falando sobre Qualidade, Produtividade, Gestão, Inovação, Liderança, Felicidade no Serviço Público e outros temas
- Prêmio na 6ª *Mostra Nacional de Qualidade do Poder Judiciário* (2005)
- Prêmio na 9ª *Mostra Nacional de Qualidade do Poder Judiciário* (2009)
- Modelo de trabalho relacionado como Boa Prática de Gestão no Poder Judiciário, pelo Conselho Nacional de Justiça, projeto catalogado no Planejamento Estratégico do Poder Judiciário (Resolução CNJ 70/2009)
- Modelo de trabalho incluído no rol de *"Melhores Práticas de Gestão"* do Prêmio Innovare
- Agraciado com o título *"Notável Jurista"* pela Associação de Clubes de Advogados do Estado do Rio de Janeiro e com o *Prêmio Peter Drucker*, pela atuação na área da Gestão Pública, concedido pelo Conselho Regional de Administração do Estado de Goiás

PERFIL COMO PROFESSOR: UM INTELECTUAL CONHECIDO, PROFÍCUO E INOVADOR

- Criador de uma nova disciplina, hoje adotada em diversas universidades e em cursos preparatórios: Como estudar e técnicas de realização de provas
- Autor de vários estudos na área jurídica, como a Proposta de Criação dos Juizados Especiais Federais (1994) e a Tese da Legítima Defesa Antecipada, já referida por Juarez Tavares, Rogério Greco e Julio Fabbrini Mirabete
- Primeira pessoa a sugerir a criação dos Juizados Especiais na Justiça Federal, em 1994, a maior revolução pela qual passou o Judiciário Federal desde a Constituição de 1988. Seu pioneirismo foi reconhecido pela publicação do STJ que trata do tema (Série Pesquisas do Centro de Estudos Judiciários, do Conselho da Justiça Federal /STJ, volume 7)
- Autor de artigos publicados na imprensa e em revistas especializadas, além de consultorias. Jornais: *Correio Braziliense*, *O Globo*, *Jornal do Brasil*, *O Estado de S.Paulo*, *Folha de S.Paulo*, *Zero Hora*, *O Dia*, *Jornal do Commercio*, *O Fluminense*, *Folha Dirigida*, *JC Concursos*, *Tribuna da Imprensa*, *A Gazeta*, entre outros. Revistas: *HSM ExpoManegement*, *Você S/A*, *Piauí*, *Veja*, *Revista dos Tribunais*, *Doutrina/ID*, *Revista de Direito Tributário/Malheiros*, *In Verbis/IMB*, *Consulex*, *ADCOAS*, *ADV-COAD*, Justilex e das Revistas de Direito do IEJ, Defensoria Pública, AJUFE, TRF da 1ª Região, Justiça Federal/RJ, entre outras

- Colunista dos jornais *O Fluminense* e *Jornal dos Concursos*; dos sites Correioweb, UOL, CPAD-News, Instituto IPC e das revistas *Geração JC* e *Revista do Concurseiro Solitário*, entre outros
- Apontado como o maior especialista em aprovação em provas e concursos pelo Jô Soares, *Veja*, *Exame*, *Você S/A*, *Revista Piauí*, programa *Fantástico*, jornal *Valor Econômico* etc.

ESCRITOR - *BEST-SELLER* NO BRASIL E NO EXTERIOR

- Livros publicados no Brasil, EUA, Europa e América Latina, e, em 2020, na África, com traduções para o inglês, leto e espanhol. Obras sendo vertidas para o coreano, russo e árabe
- Primeiro lugar nas principais listas de livros mais vendidos: *Você S/A*, *Veja*, *Valor Econômico*, *Folha de S.Paulo* e *PublishNews*. Já figurou por mais de 170 semanas na lista de livros mais vendidos da *PublishNews*. Um dos dez livros mais vendidos no Brasil em 2013 *(As 25 Leis Bíblicas do Sucesso)*
- Membro da Academia Evangélica de Letras do Brasil – AELB, ocupando a Cadeira n. 22. Membro da Academia Niteroiense de Letras – ANL, ocupando a Cadeira n. 40. Membro da União Brasileira de Escritores – UBE
- Ex-Membro do Conselho Editorial da Thomas Nelson Brasil/Ediouro – 2010. Ex-Membro do Conselho Editorial da Revista *Cristianismo Hoje*. Ex-Consultor do Grupo Editorial Campus/Elsevier – 2010. Ex-Membro do Conselho da SBI – Sociedade Bíblica Internacional
- Presidente do Conselho Editorial da Editora Impetus

OBRAS PUBLICADAS

ÁREA JURÍDICA

- *O Coronavírus e a Constituição Federal* (e-book). 3ª ed. Niterói: Impetus, 2020.
- *Vade Mecum Impetus*. Coordenador. Niterói: Impetus, 2019.
- *Omissão Inconstitucional e Revisão Geral Anual dos Servidores Públicos*. 3ª ed. Niterói: Impetus, 2017. Em coautoria com Eugênio Rosa de Araújo e André Luiz Maluf Chaves.
- *Medicina Legal à Luz do Direito Penal e do Direito Processual Penal*. 14ª ed. Niterói: Impetus, 2019. Em coautoria com Rogério Greco.

GESTÃO DO PODER JUDICIÁRIO, EDUCAÇÃO E LITERATURA

- *Inovação na Gestão Pública*. Niterói: Impetus (no prelo). Em coautoria com Luciana Elmor.
- *Manual do Conciliador e do Juiz Leigo nos Juizados Especiais Cíveis*. Niterói: Impetus, 2006.
- *Gestão de Serviço com Qualidade e Produtividade*. 2ª ed. Niterói: Ed. 9/9 (Ed. Universitária da UNIVERSO), 1997. Em coautoria com Gildásio Mendes.
- *Justiça Federal:* Uma Proposta para o Futuro. Brasília: CEJ/STJ, 1995. Em coautoria com Leandro Paulsen e Paulo Fernando Silveira.
- *A Última Carta do Tenente*. 6ª ed. São Paulo: Planeta dos Livros, 2016.
- *Da Graduação para o Mercado de Trabalho:* caminhos para o sucesso. Rio de Janeiro: UNESA, 2014.
- *A Arte da Guerra para Professores*. Niterói: Impetus, 2012. Em coautoria com Nataniel Gomes.
- *Criando Campeões*. Rio de Janeiro: Thomas Nelson Brasil, 2008. Em coautoria com Renato Araújo.

CONCURSOS PÚBLICOS

- *Como Passar em Provas e Concursos*. 29ª ed. Niterói: Impetus, 2019.
- *Como Passar em Provas e Concursos – RESUMO*. 12ª ed. Niterói: Impetus, 2019.
- *Agenda do Concurseiro* – PLANNER. 2ª ed. São Paulo: Saraiva, 2019. Em coautoria com Marcelo Hugo da Rocha.
- *Como Passar no Exame da OAB*. Niterói: Impetus, 2018. Em coautoria com Eduardo Sabbag e Cristiano Sobral.
- *Mapas Mentais e Memorização*. 5ª ed. Niterói: Impetus, 2015. Em coautoria com Felipe Lima.
- *Como Usar o Cérebro para Passar em Provas e Concursos*. 7ª ed. Niterói: Impetus, 2015. Em coautoria com Carmem Zara.
- *Coaching para Concursos*. Niterói: Impetus, 2013.
- *Concursos Públicos:* 20 passos para ser aprovado. Rio de Janeiro: Folha Dirigida, 2012. Vários autores.
- *A Arte da Guerra para Concursos*. 5ª ed. Rio de Janeiro: Campus/Elsevier, 2011.
- *Carta aos Concursandos*. 2ª ed. Rio de Janeiro: Campus/Elsevier, 2016. Em coautoria com Francisco Dirceu Barros.
- *Como Fazer Provas* – Vestibular. Niterói: Impetus, 1999. Em coautoria com Pachecão.
- *Medicina Legal para Delegado de Polícia*. 3ª ed. Rio de Janeiro: Degrau Cultural, 1996. Em coautoria com Flávio Granado Duque e Abouch Valenty Krimchantowski.

DESENVOLVIMENTO PESSOAL

- *Sabedoria para Vencer.* São Paulo: Editora Planeta, 2018.
- *Leitura Dinâmica:* como multiplicar a velocidade, a compreensão e a retenção da leitura. 17ª ed. Niterói: Impetus, 2015. Em coautoria com Ricardo Soares.
- *Manual de Português e Redação Jurídica*. 6ª ed. Niterói: Impetus, 2014. Em coautoria com Renato Aquino.
- *Como Falar Bem em Público*. 4ª ed. Niterói: Impetus, 2013. Em coautoria com Rogério Sanches Cunha e Ana Lúcia Spina.
- *A Maratona da Vida*. 4ª ed. Niterói: Impetus, 2010.
- *Administração do Tempo*. 4ª ed. Niterói: Impetus, 2012. Em coautoria com Alberto Dell´Isola.

SABEDORIA BÍBLICA

- *Como Vencer Gigantes*. Rio de Janeiro: Sextante: 2016. Em coautoria com Flavio Valvassoura.
- *As 25 Leis Bíblicas do Sucesso*. Rio de Janeiro: Sextante, 2012. Em coautoria com Rubens Teixeira.
- *O Poder dos 10 Mandamentos*. Rio de Janeiro: Mundo Cristão, 2013.
- *Formigas*. São Paulo: Mundo Cristão, 2016. Em coautoria com Davi Lago.

BIOGRAFADO EM DOIS LIVROS

- ***História Oral do Exército – Formação de Oficiais da Reserva***. Tomo 1. Aricildes de Moraes Motta (Coord.). Rio de Janeiro: Biblioteca do Exército – BIBLIEX, 2010. Páginas 380/410.
- ***Sucesso com Direito***. Paulo Nicholas (Coord.). São Paulo: Saraiva, 2015. Páginas 139/196.

www.williamdouglas.com.br

DEDICATÓRIA

Dentro de você existe outro "você", melhor e mais feliz, querendo vir à luz. Aos poucos, com fé e esforço, ele aparece. Tenho certeza de que este novo "você", mais completo e sereno, surgirá após serem pagos o preço e o tempo próprios à preparação. É a este você, que já vem chegando, que dedico esta obra.

APRESENTAÇÃO

> Não se pode ensinar tudo a alguém, pode-se apenas ajudá-lo a encontrar por si mesmo.
>
> **Galileu**

Após prestar diversos concursos, passando em uns, perdendo em outros, pude acumular alguma experiência, e ela se tornou ainda maior com o convívio com professores e alunos, em universidades e cursos preparatórios para concursos nos quais lecionei e estando "do outro lado" dos concursos, atuando como fiscal de provas, integrante e presidente de bancas examinadoras de concursos públicos.

Não raro alunos e amigos me pediam conselhos sobre o que fazer para melhorar sua preparação, como estudar para este ou aquele concurso, como se preparar adequadamente para esta ou aquela prova. Aos poucos, verifiquei que quase todas as técnicas que utilizei na minha preparação também funcionavam para os outros. Na verdade, o caminho é de todos: basta conhecê-lo.

Sempre quis ser escritor, mesmo antes de ser aprovado em concursos já havia me arriscado em outros gêneros literários, mas por ser professor e juiz, estava me preparando para escrever livros jurídicos. Atendendo a pedidos e percebendo que não havia algo semelhante no mercado, decidi escrever não sobre uma matéria específica, mas sobre como aprender melhor e como render mais em provas e concursos. Desse realinhamento de rumos surgiu o *Como Passar em Provas e Concursos*, que se transformou rapidamente em *best-seller* e já vendeu mais de 200 mil exemplares. Um montante que me alegra por comprovar a importância e necessidade do tema.

Muitos, no entanto, assustam-se com o tamanho do *Como Passar*. São mais de 500 páginas de informações sobre quadro horário, tipos de prova, como se organizar e temas bastante específicos para concursos de nível superior e especializados. Procurando atender a um público ainda maior, criamos a versão resumida da obra original. Preparado para ser lido mais rapidamente, *Como Passar em Provas e Concursos*

– *Resumo* busca alcançar aqueles que não dispõem de tempo para ler a versão integral e para aqueles que estão se preparando para concursos de nível fundamental ou médio e vestibulares. Uma obra que respeita as limitações do leitor sem deixar de ajudá-lo a vencer o desafio de passar em um concurso público.

É possível que de boa parte daquilo que eu escrevi neste livro você já tenha conhecimento, mas nunca tenha dado a devida atenção, por não perceber sua influência e poder. Muitas vezes sabemos certas verdades, mas precisamos que um terceiro as diga ou as repita, para que tenhamos a coragem de assumi-las e nos comportar de um modo mais eficiente. Minha intenção com esta obra foi reunir as técnicas básicas em um só lugar, de forma didática, com linguagem acessível e destacando pontos importantes.

Importante! Não ceda à tentação de começar a ler este livro pelos temas "mais importantes e práticos", como o cérebro, a memória ou técnicas para fazer as provas. Procure seguir a ordem que utilizei no livro, ela tem uma razão. Os temas virão no momento certo.

Gostaria que você experimentasse por algum tempo as técnicas aqui reunidas. Se isso ocorrer, mais do que uma esperança, tenho a certeza de que este livro será útil. O que está escrito aqui foi testado e funciona. Posso dizer isso porque serviu para mim, várias vezes no passado e até hoje, em meu dia a dia. Também beneficiou a muitos dos meus alunos e amigos, pessoas as quais tive o privilégio de influenciar e que me permitiram usufruir do seu convívio e da troca de experiências.

Ficarei muito feliz se quiser compartilhar comigo essa aventura em busca do aperfeiçoamento, contando suas experiências, acertos, desacertos, sucesso, reveses, técnicas etc. Ficarei sinceramente grato pelas sugestões, críticas e comentários, pois certamente servirão para dar maior alinho a este conjunto de ideias. Elas podem ser feitas pelo contato do meu site <http://www.williamdouglas.com.br>.

Caso queira aprofundar o conteúdo, experimente a versão integral desta obra e o material disponível gratuitamente em seu site. Caso não queira ou não tenha condições de adquirir a versão integral, fique tranquilo, o essencial foi colocado aqui para permitir acesso a ferramentas extremamente importantes para seu sucesso.

Seu sucesso virá, como disse em minha dedicatória, após a dose certa de fé, esforço e com o tempo necessário para a maturação do projeto. Este livro foi elaborado para ajudá-lo nesse compensador desafio. Milhares de pessoas já foram beneficiadas por esse sistema e não será diferente com você. Nesse passo, certo que estou do seu sucesso, aviso que a maior satisfação de um professor e de um amigo acontece quando seus alunos o superam e constroem seus futuros com o conhecimento/conselho passado. No fundo, esta é a grande recompensa do magistério. E é ela que eu espero obter com este modesto manual sobre atitudes e técnicas voltadas para o aperfeiçoamento de nossa qualidade de vida e de estudo.

Por tudo isso, desejo profundamente que este livro seja proveitoso, fazendo maior o seu prazer em caminhar pela fascinante estrada do conhecimento.

William Douglas

NOTA À 10ª EDIÇÃO*

Por alguns anos a obra *Como Passar em Provas e Concursos* e este resumo estiveram sob a guarda de outra conhecida editora. Com o seu retorno e de outras obras minhas para a Editora Impetus, sua primeira casa, motivei-me a modificá-las, atualizando-as e acrescentando conteúdos imprescindíveis que foram surgindo pelo caminho. São informações e novidades para a sua preparação.

Com a mudança da edição, decidi também reparar algo que desde o início causava confusão nos leitores: o título do livro. Por isso, o antigo *Guia de Aprovação em Provas e Concursos* torna-se, oficialmente, *Como passar em provas e concursos – RESUMO*. O mesmo conteúdo, agora atualizado, ainda mais acessível para quem ainda não conhece o livro e precisa de uma luz na preparação.

A cada edição, busco aperfeiçoar minhas obras, atualizando-as, corrigindo informações e acrescentando conteúdos imprescindíveis para ajudar meus leitores a trilhar a jornada de forma ainda mais eficaz.

Espero que goste do novo "Guia" e que seja de grande valia para a sua jornada.

Convido-o a me contar o que achou do livro através do e-mail: promocao@williamdouglas.com.br ou pelo contato do meu site: <http://www.williamdouglas.com.br>. Seus comentários, sugestões e críticas serão muito apreciados.

Também no meu site, você encontrará informações complementares sobre esta e outras obras, artigos, vídeos, minha agenda de palestras e o cadastro para o informativo mensal e gratuito com um resumo do que foi mais marcante naquele mês e recomendações.

Estou certo que você tem tudo para realizar seus sonhos e projetos.

Abraço fraterno,

William Douglas

* As demais notas à edição estão disponíveis nos *sites* da editora e do autor.

NOTA À 11ª EDIÇÃO*

A cada edição busco aperfeiçoar minhas obras, atualizando-as, corrigindo informações e acrescentando conteúdos imprescindíveis para ajudar meus leitores a trilhar a jornada de forma ainda mais eficaz. Foi o que aconteceu com esta edição e é o que pretendo continuar a fazer, com sua ajuda.

Espero que goste deste manual resumido e que ele seja de grande valia para a sua jornada.

Convido-o a me contar o que achou do livro através do e-mail: promocao@williamdouglas.com.br ou pelo contato do meu site: <http://www.williamdouglas.com.br>. Seus comentários, sugestões e críticas serão muito apreciados.

Também no meu site, você encontrará informações complementares sobre esta e outras obras, artigos, vídeos, minha agenda de palestras e o cadastro para o informativo mensal e gratuito com um resumo do que foi mais marcante naquele mês e recomendações.

Estou certo que você tem tudo para realizar seus sonhos e projetos.

Abraço fraterno,

William Douglas

* As demais notas à edição estão disponíveis nos *sites* da editora e do autor.

SUMÁRIO

MATERIAL EXTRA (Disponível em www.williamdouglas.com.br e www.impetus.com.br)

- → Capítulo especial sobre como e quando recorrer.
- → Material extra sobre concursos públicos.
- → Notas às edições.

OUTRAS INFORMAÇÕES:

- Cadastre-se no **Informativo William Douglas**, no site **www.williamdouglas.com.br** e receba, gratuitamente, dicas, notícias e a agenda de eventos.
- Participe das redes sociais de William Douglas:

/williamdouglas @site_wd /profwilliamdouglas /sitewilliamdouglas

Capítulo 1

A DECISÃO DE MELHORAR

> Começar...
> já é metade de toda a ação.
>
> Provérbio grego

INTRODUÇÃO

Se você se interessou em ler ou pelo menos em dar uma olhada neste livro é porque quer melhorar e vencer, ou sequer o teria aberto. Meu propósito ao escrevê-lo foi facilitar o seu objetivo. A ideia básica é evitar a repetição de erros que cometi e apresentar uma série de técnicas que a experiência demonstrou serem úteis para quem quer vencer em provas e concursos. Essas técnicas podem e devem ser aplicadas à preparação desde o início ou o quanto antes.

Você já deu o primeiro passo para melhorar, demonstrou estar disposto a mudar, mas só vontade, contudo, não é suficiente. É preciso ação, organização e compromisso, e é isso que pretendo demonstrar nas próximas páginas.

Dito isso, você pode estar se perguntando: "Não seria melhor focar na matéria propriamente dita?"

Poderia, ainda, se perguntar...

1. VALE A PENA GASTAR TEMPO COM ESTE ASSUNTO?

Depende das suas respostas para as perguntas abaixo:

- Falta tempo para estudar?
- Falta concentração?

- Você já estudou alguma coisa durante muito tempo e ao final pareceu que não aprendeu nem fixou nada ou quase nada?
- Você já fez uma prova de um assunto importante e recorrente e no dia seguinte não se recordava de mais nada da matéria?
- Você gostaria de poder estudar menos tempo para poder fazer outras coisas, como descansar e se divertir?

Quase todos os alunos para as quais dou aulas ou palestras respondem "sim" a estas perguntas, e eu mesmo dizia vários "sim" quando me preparava para concursos. Os meios para solucionar estes problemas são em geral ignorados ou desprezados pelos estudantes, que desperdiçam um tempo enorme – ou até desistem dos seus sonhos – pela incapacidade de fazerem uma preparação eficiente.

Se disse sim para uma ou mais questões, mas ainda está desconfiado acerca das informações deste livro, peço que dê a elas o benefício da dúvida. Experimente aplicá-las durante algum tempo e veja quais funcionam para você. Elas funcionaram para mim, funcionam para meus alunos e, com certeza, funcionarão para você também.

Não tenha pressa em ler a respeito de memória ou tempo de estudo, ou sobre modalidades de prova. Se você ainda acha que vale a pena acelerar o processo, pulando etapas, lembre-se do conto do lenhador. Um vigoroso lenhador, certo dia foi para a floresta e conseguiu derrubar 70 árvores. Conhecendo o recorde mundial, de 72 árvores, ele se encheu de esperança. Querendo entrar para a história, no dia seguinte, acordou mais cedo, trabalhou duro, mas cortou 68 árvores. No dia que se sucedeu, acordou ainda mais cedo, esforçou-se ainda mais, mas cortou apenas 60 árvores. Um velho lenhador, já sem vigor físico, mas experiente, com pena do jovem rapaz lhe perguntou: – *Meu filho, quanto tempo separou para afiar seu machado?*

Aprender a como montar um sistema de estudo eficiente, a estudar corretamente, a manter as atitudes adequadas, motivação e disciplina significa exatamente isto: afiar o machado. Não seja como o lenhador que, na pressa de alcançar seu resultado, começou a pular etapas.

2. COMO MUDAR A HISTÓRIA? A OTIMIZAÇÃO DO ESTUDO

Um dos caminhos para solucionar o fraco desempenho, é dar atenção ao processo de aprendizagem da aprendizagem, aquilo que chamamos de Otimização do Estudo.

Otimização, como já diz o Dicionário Aurélio, *é o processo pelo qual se determina o valor ótimo de uma grandeza, é o ato ou efeito de otimizar*. Assim, é tornar algo ótimo, é buscar o que é excelente, o melhor possível, *o grau, quantidade ou estado que se considera o mais favorável, em relação a um determinado critério*. Por meio da otimização é possível estudar uma mesma quantidade de horas com um considerável ganho em agregação de novos conhecimentos, decorrente do acréscimo de qualidade. Em suma, o aperfeiçoamento da capacidade de aprendizagem resulta em maior produtividade, exatamente o que tem faltado aos nossos alunos e candidatos.

Este livro cita inúmeras formas de otimização do estudo. Mesmo que o amigo não se adapte a todas, ou não as assimile em sua inteireza, poderá ter um ganho considerável se assimilar parte delas. Como ensina Deming (1990), felizmente uma otimização total não é necessária. Basta que se chegue cada vez mais próximo dela. Um ganho pequeno e seguro pode ser o suficiente para alterar toda uma rota, colocando-a em ascendência.

É possível aprender a aprender e a aprender mais rápido, a ser mais inteligente, a ler, escrever e fazer provas melhor. Este é o caminho para mudar a nossa história pessoal e, consequentemente, a história de nossa família e nossos filhos.

> ***Cada um de nós pode trabalhar para mudar uma pequena parte dos acontecimentos... A história é feita de inúmeros atos de coragem e crença.***
>
> John Kennedy

3. QUERER

A tomada de decisão, a conscientização de uma vontade que se quer transformar em realidade, é imprescindível. Quem faz as coisas por fazer, sem vontade e determinação, não tem bom rendimento.

É preciso vontade, aspiração ou desejo. É preciso ânimo firme, determinação e boa vontade.

Parecem qualidades demais? Mas não são. Todos esses termos derivam, representam e explicam apenas um, que é o ponto central: vontade. Se você tiver vontade, terá todas as qualidades acima. Só é preciso querer.

Um exemplo marcante disto está em Marcos 10:46-51. Quando Jesus passava por Jericó, um cego que assentado mendigava junto do caminho o ouviu e começou a clamar por misericórdia, ainda que muitos o mandassem calar. Jesus o chamou e, então, lhe fez a seguinte pergunta:

— **Que queres que te faça?**

Tal pergunta poderia parecer óbvia, não? Contudo, se Jesus a fez, me parece que era por ser necessária: uma manifestação de vontade e de fé. Este cego não só voltou a ver como seguiu Jesus pelo caminho. Para que haja mudança é preciso uma manifestação de vontade.

A decisão de melhorar, de aproveitar e de desenvolver minha inteligência (que nada mais é do que a capacidade de adaptação), de otimizar minha aprendizagem e de lançar mão de todo o potencial do meu cérebro foi essencial para que eu passasse em concursos. Ao fazer isto, evitei o problema mais comum de quem estuda: um desempenho insatisfatório, fruto do subaproveitamento de nossas potencialidades. Lidamos hoje com grande quantidade de esforço desperdiçado e baixa produtividade seja no mercado de trabalho ou no processo de ensino e aprendizagem, resultando em um ciclo de frustração que se realimenta, mas que poderia ser inteiramente evitado.

As pessoas priorizam o resultado buscado, mas se esquecem de cuidar do método para chegar até ele. É preciso melhorar o processo de aprendizagem, o sistema de estudo. Se isso for feito, o resultado será alcançado naturalmente.

Se você quer passar em um concurso público, comece da forma mais inteligente:

- aprenda a ter método;
- aprenda a aprender;
- aprenda a fazer provas.

O tempo que você vai gastar com isso será compensado pelo ganho de produtividade e você conseguirá o que deseja.

Acredite em mim: vale a pena e você pode.

“Uma pessoa feliz não é uma pessoa num conjunto de determinadas circunstâncias e sim uma pessoa com um conjunto de determinadas atitudes.”

H. Downs

Capítulo 2

UM PROJETO DE ESTUDO

> Uma longa viagem começa com um único passo.
>
> Provérbio chinês

1. ATITUDES INICIAIS

A atitude é que cria a ação, e a ação gera resultados. Assim, se você quer resultados, precisa trabalhar suas atitudes diante da vida e seus desafios. O prêmio por este esforço será o sucesso em seus projetos.

Listo aqui as atitudes básicas que me parecem as mais necessárias para quem tem um projeto de estudo.

- **MOTIVAÇÃO**
- **COMPROMISSO**
- **AUTODISCIPLINA**
- **ORGANIZAÇÃO**
- **ACUIDADE**
- **FLEXIBILIDADE**
- **CONSCIÊNCIA DO PROJETO**

1.1. Motivação

A primeira atitude que alguém precisa ter é: motivação. Motivação é a disposição para agir, podendo ser entendida simplesmente como "motivo para a ação" ou "motivos para agir". Uma pessoa motivada é mais feliz e produtiva.

Você precisa de motivação. Ela é quem nos anima e nos faz "segurar a barra" nas horas mais difíceis e recomeçar quando algo dá errado. Porém... isto você já sabe. O que todo mundo quer saber é:

Como conseguir motivação?

A motivação é pessoal: só você pode dizer o que lhe dá ânimo para trabalhar, e prosseguir. As outras pessoas podem ajudar na motivação, mas não nos dá-la de presente.

A primeira motivação é cuidar bem de si mesmo, ser feliz. Costumo dizer que você vai passar o resto da vida "consigo", que pode se livrar de quem quiser, de qualquer coisa, menos de você mesmo. Por isso, deve cuidar bem de sua mente, corpo, projetos, sonhos e futuro.

Mas existem outras motivações, são algumas delas:

Deus – Deus pode ser uma fonte de ânimo e consolo, de força para viver e prosseguir. Além disso, se você for uma pessoa com sucesso profissional e capaz, poderá servir mais ao trabalho para sua divindade. Servir a Deus ou ser ajudado por Deus, portanto, é um bom motivo para agir e valorizar o trabalho e a conquista.

Família – Ajudar a família, ter dinheiro e tempo para o parceiro amoroso, filhos, pais, irmãos, é uma das mais fortes injeções de disposição para o estudo e o trabalho.

Riqueza – Existem muitas formas de riqueza, sendo o dinheiro a menor delas. Paz, saúde, equilíbrio, família, sucesso, fama, ser benquisto e admirado, todas são formas de riqueza, que podem ser escolhidas por você e servirem como estímulo.

Dinheiro – O dinheiro nunca deve ser o motivo principal de uma escolha ou sua principal motivação, mas é perfeitamente lícito e digno a pessoa querer ganhar dinheiro. Desde que seja dinheiro honesto. O dinheiro serve para comprar muitas coisas úteis e prazerosas. Assim, se você quer estudar para ter mais dinheiro para gastar consigo, com sua família, com bons investimentos, tudo bem, é um bom motivo.

Tempo – Quanto melhor você estudar e quanto mais resultado tiver, mais tempo você terá para fazer as outras coisas que lhe dão prazer. E as fará com mais tranquilidade e segurança.

Resolver problemas – Conheço amigos para os quais o concurso serviu para resolver problemas. Um deles, o Professor Carlos André Tamez, do Curso Aprovação, estudou para ser Auditor da Receita, pois morava no Rio de Janeiro e sua amada, em Curitiba. O concurso serviu para ele poder trabalhar na cidade que desejava. Outro caso é o de uma amiga para quem o concurso serviu para dar as condições necessárias para que ela pudesse se separar sem depender de pensão do ex-marido. Não importa o que você quer, o concurso pode ser o que vai te ajudar.

Segurança – O estudo e o concurso trazem segurança, seja a de ter alternativas, seja a de ter emprego, dinheiro, aposentadoria etc.

Motivação é tarefa de todos os dias!

Entenda que todo projeto de longo prazo terá momentos de ânimo, momentos normais e momentos de desânimo e vontade de desistir. Sabendo disso de antemão, procure se preparar para os dias de baixa: eles virão e você vai precisar aprender a lidar com eles. Não desista por conta deles.

A motivação deve ser trabalhada diariamente. Todos os dias você pode e deve lembrar dos motivos que o estão fazendo estudar, ter planos, persistir.

A motivação deve ser redobrada nos momentos de crise, de desânimo e cansaço. Algumas vezes, você vai "surtar", ter uma crise e parar um tempo. Tudo bem, pare um tempo, resolva seus conflitos, tire um tempo para realinhar suas expectativas e volte a estudar o mais rápido possível. De preferência no dia seguinte. Quanto mais tempo esperar, menor será seu ânimo para o estudo. Não protele!

Dica para motivação

Uma dica importante é estar perto de pessoas com alto astral, animadas, otimistas e de pessoas com objetivos semelhantes. Evite muito contato com pessoas que não estejam trabalhando por seus sonhos, que vivam reclamando de tudo, que não queiram nada. Escolha as pessoas com as quais você estará em contato e sintonizado. O canarinho aprende a cantar ouvindo outro canário. E canários juntos cantam melhor. Esteja perto de quem cante ou goste de cantar.

1.2. Compromisso (persistência, constância de propósito)

Ao contrário do mero interesse por alguma coisa, significa querer com constância, querer de verdade. David McNally diz que *compromisso é a disposição de fazer o necessário para conseguir o que você deseja.* O mesmo autor cita, ainda, a explicação de Kenneth Blanchard: *Há uma diferença entre interesse e compromisso. Quando você está interessado em fazer alguma coisa, você só faz quando for conveniente. Quando está comprometido com alguma coisa, você não aceita desculpas, só resultados.* É o compromisso que nos vai fazer sacrificar temporariamente o que for necessário para estudarmos e perseverar até chegarmos aonde queremos.

Thomas Edison, diz-se, só conseguiu transformar em realidade sua visão mental da lâmpada elétrica na tentativa de nº 10.000. A cada fracasso ele se animava a continuar tentando dizendo que havia descoberto mais uma forma de não inventar a lâmpada elétrica.

"Nossa maior fraqueza está em desistir.
O caminho mais certo de vencer é tentar mais uma vez."
Thomas Edison

1.3. Autodisciplina (domínio próprio)

Oscar Schmidt, um dos maiores atletas brasileiros e que, hoje, está no Hall da Fama da NBA, ensina que a diferença entre um bom atleta e um atleta medíocre (mediano) é que enquanto este para diante das primeiras dificuldades, aquele, mesmo cansado, dá mais uma volta na pista, e mais uma volta, e mais uma volta... Assim, aos poucos, vai melhorando, minuto a minuto. Não foi qualquer um que ensinou isso, foi um dos maiores jogadores de basquete de todos os tempos. E ao dizer isso ele estava falando sobre uma qualidade indispensável para quem deseja alcançar um sonho, seja atleta ou concurseiro: autodisciplina. Mas ele não para por aí, ensina, também, que é preciso ter humildade, não achar que se sabe tudo e que se é o melhor, pois sempre temos algo a aprender e a melhorar.

Para ajudar na autodisciplina, conscientize-se de que você é responsável por seu futuro. Liste seus objetivos de curto, médio e longo prazos e releia-os periodicamente.

A única escolha que você tem é:
pagar o preço de aprender...
ou o preço de não aprender.

1.4. Organização

Organizar-se é estabelecer prioridades. A conjugação do estabelecimento de prioridades (planejamento estratégico) com a autodisciplina (domínio próprio) e com a estruturação das atividades é a melhor forma de criar tempo para estudar, para o lazer, descanso, família etc.

Aprenda a não deixar mais as coisas para a última hora, seja um trabalho, seja uma inscrição em concurso. Deixar as coisas para o último dia é pedir para ter problemas e dar chance para o azar. No último dia uma máquina quebra, alguém fica doente, ocorre um imprevisto etc. Comece a se organizar e uma boa dica é essa: cumpra logo suas tarefas. Não procrastine.

Se você tem dificuldade em cumprir seus objetivos, procure criar metas menores ou intermediárias. A maioria das pessoas, quando não vê um resultado rápido – quando não tem uma recompensa, mesmo que simbólica – acaba desanimando e desistindo. Uma boa solução é criar objetivos menores que possa cumprir com mais facilidade. Na hora de se organizar, seja metódico, específico e estabeleça metas intermediárias.

1.5. Prestar atenção (acuidade)

Esteja aberto para a realidade e para novas ideias. Veja, ouça e sinta as coisas. Participe da vida como ator e não como espectador. Seja sujeito e não objeto dos acontecimentos. Concentre-se no que faz. Seja curioso. Não tenha receio de questionar, duvidar, perguntar. Pense, raciocine e reflita sobre o que está acontecendo ao seu redor.

> ***O que vale a pena ser feito vale a pena ser benfeito.***
>
> N. Poussin

Prestar atenção envolve participar das aulas, fazer perguntas, estudar, fazer provas. Algumas pessoas têm dificuldade de focar e prestar atenção ou ainda, quando sentam para estudar, tornam-se ansiosas, não conseguem parar de mexer a perna, se autossabotam, não deixam de pensar em outras coisas, começam pensando/escrevendo sobre uma coisa e mudam, sem perceber. Se você é uma dessas pessoas, procure investigar sua falta de atenção. Você pode simplesmente precisar de mais motivação, mas pode se tratar de uma condição chamada TDAH (Transtorno de Déficit de Atenção e Hiperatividade). Uma condição que, quando não tratada, pode ser prejudicial para os estudos e a vida de maneira geral. Procure aconselhamento médico. Comento um pouco mais sobre esse assunto em um dos vídeos do meu Canal do YouTube (/sitewilliamdouglas), também disponível em meu site <http://www.williamdouglas.com.br>.

1.6. Flexibilidade

Flexibilidade é a capacidade de se adaptar, e adaptação é uma forma de inteligência. Tudo o que você ver, ler, ouvir, sentir etc. deve ser avaliado. Teste as coisas, veja se funcionam bem para você ou se, para funcionarem melhor, demandam alguma modificação. Não tenha receio de criar seus próprios métodos e soluções. Se um obstáculo vier, a flexibilidade é saber contorná-lo.

A capacidade de adaptação será importante em toda a sua vida e para montar um sistema de estudo. Ela também serve para que possam ir sendo feitas as modificações necessárias à medida que forem surgindo novas situações, circunstâncias, imprevistos etc.

1.7. Consciência do projeto (tempo e trabalho)

Costumo dizer que **a diferença entre o sonho e a realidade é a quantidade certa de tempo e trabalho**. O tempo significa o período de amadurecimento e preparação, para o qual é preciso disciplina, paciência e persistência. O trabalho envolve não só o estudar, que é o zero a zero, mas também o aprender a estudar e o aprender a fazer provas.

Assim, ao começar o projeto, é preciso que você tenha consciência de que está diante de uma tarefa excelente e de que ela é demorada e trabalhosa. É excelente, pois lhe trará uma enorme quantidade de benefícios.

Aprender para passar em provas e concursos, para ter sucesso profissional, exige muito conhecimento. Isto vai demorar. Por melhor que você seja e por mais que trabalhe bem, vai demorar. Se você não utilizar as técnicas, se ficar parando e recomeçando, se não aprender a organizar etc., vai demorar ainda mais.

Por isso tudo é que digo: comece sabendo isso. Você acha difícil alguma coisa. Há quem diga que é difícil passar em concursos ou vencer na vida. Eu discordo. Pode ser trabalhoso, mas não é difícil. Difícil mesmo é não ter como estudar, não poder crescer, não ter sucesso.

Eu diria que a resposta certa é que estudar e passar em provas e concursos é um fácil-trabalhoso. Fácil, porque as regras são claras e há técnicas que, se aplicadas, trarão resultados seguros; e trabalhoso, porque até aprender as técnicas, se organizar, treinar, pegar o jeito, a "manha", leva algum tempo. Mas quem começar e prosseguir chegará lá. Com certeza. É só não desistir e ir, aos poucos, se aperfeiçoando, chegando mais perto do objetivo.

> ***"O mais importante na vida não é a situação onde estamos, mas a direção para a qual nos movemos."***
>
> *O. W. Holmes*

2. CRER NA VIABILIDADE DE SEUS OBJETIVOS

Mais uma vez, farei referência a fatores aparentemente secundários, mas que, na verdade, não o são. Não é raro encontrar pessoas fazendo um curso preparatório sem, de fato, acreditar que passarão no concurso almejado. Fazem o curso por fazer, para criar uma tranquilidade mental de "estar fazendo todo o possível", mesmo que, na verdade, estejam apenas à deriva, como um barco que, por não ter destino seguro, não pode ser favorecido por vento algum.

Você realmente acredita que pode alcançar seu objetivo? Responda sinceramente. Experimente fechar os olhos e se imaginar no lugar, cargo ou atividade que intimamente deseja. Consegue ver-se ou sentir-se nessa situação? Consegue se ouvir falando nesse lugar ou atividade? Consegue imaginar-se tocando sua mesa, sala, escritório ou gabinete? Consegue se sentir confortável?

Espero que consiga visualizar-se no cargo que almeja, minha experiência diz que apenas as pessoas que conseguem se ver nos seus sonhos, desempenhando as funções que planejam exercer, persistem na trajetória e conquistam seus sonhos. Os que não o fazem tendem a desistir no meio do caminho.

"Você pode, se acredita que pode."

Com minha experiência como candidato e professor, afirmo que qualquer pessoa que acreditar que pode passar, e se comportar de acordo com essa crença e objetivo, alcançará sucesso. M. Mendes chegou a afirmar que *só não existe o que não pode ser imaginado*.

Não entre em qualquer projeto (passar em concurso, fazer faculdade, casar) como se estivesse fazendo uma aposta, ou para "ver se vai dar". Tenha determinação e otimismo. Estude, pense e prepare-se com determinação.

Por mais complicada que uma coisa seja, ela pode ser realizada/concretizada desde que treinemos o suficiente para tal. Além disso, nunca começaremos do nada, porque nenhum conhecimento novo exclui o anterior. Nossa capacidade é o produto de todo o processamento anterior. Assim, desde que não desista, sempre acrescentará informações e aprimorará sua competência para alcançar o resultado. Se uma tarefa parece enorme, grande, difícil, não há problema. Organize-se, comece pelo mais fácil, depois vá para o mais difícil. Como em um quebra-cabeças, que começamos pelas bordas, comece a atacar seus objetivos por aquilo que é mais fácil alcançar. Coma o mingau pelas beiradas.

3. AÇÃO

A partir do momento em que se tem um objetivo com a motivação adequada e a crença de que ele pode ser alcançado, inicia-se a fase da ação no mundo material. É a vontade humana convertida em ação que transforma a realidade.

Se você não modificar sua ação no mundo exterior, material, seus resultados serão idênticos aos que já tem. Para mudar alguma coisa, é preciso agir. Portanto, aja!

> ***"Sonhos são gratuitos.***
> ***Transformá-los em realidade tem um preço."***
> E. J. Gibs

Para ajudá-lo em sua ação, disponibilizarei, a seguir um projeto para que você inicie ou otimize seus estudos e um fluxograma para ajudar na sistematização de seus objetivos.

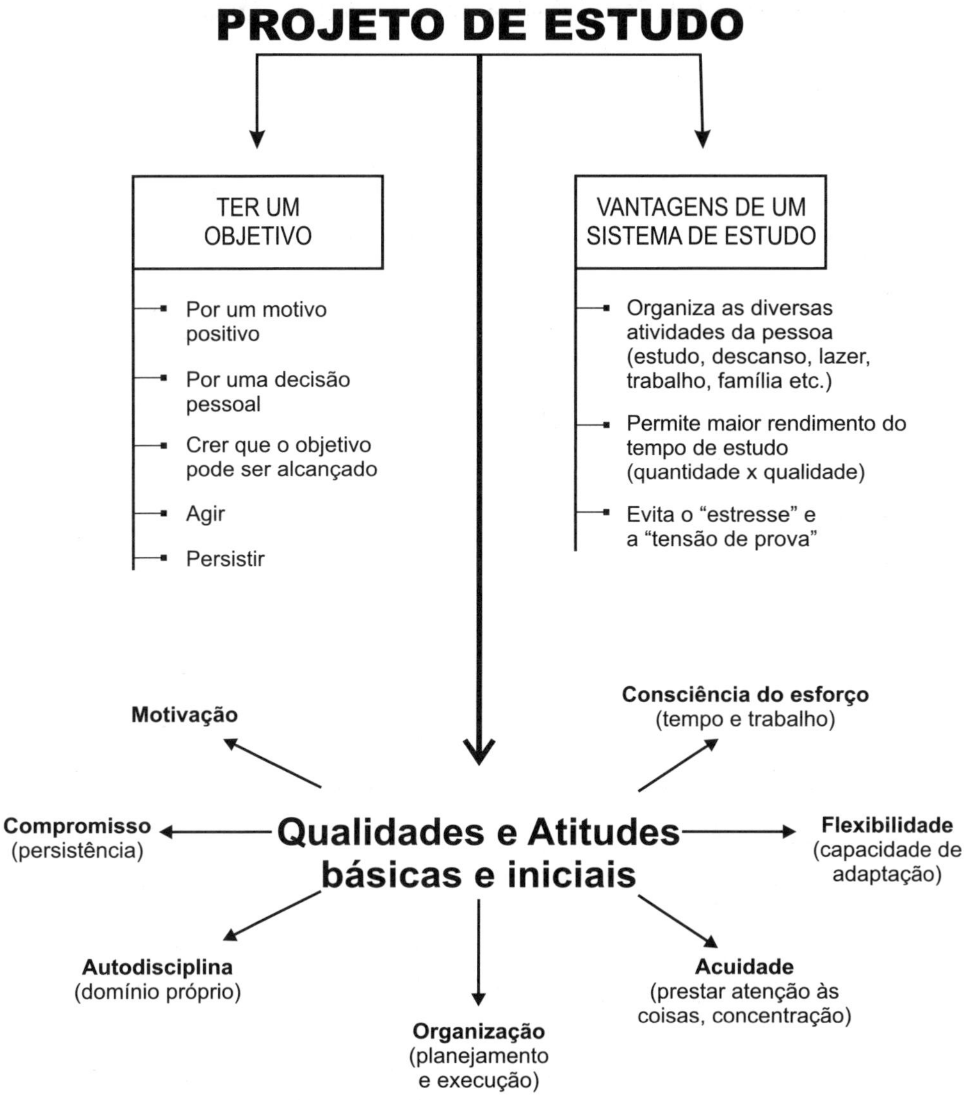

> "Concurso se faz não para passar, mas até passar."[1]

[1] É um dos "mantras" do concurso. A lista completa você encontra em meu site ou em minha página do Facebook.

FLUXOGRAMA DO OBJETIVO

PERGUNTAS

Qual é o meu OBJETIVO?

Dicas: Pense no que o faz feliz e no que você deseja para si e para sua vida. Pense no aspecto pessoal e profissional e nos projetos de curto, médio e longo prazos.

RESPOSTA:

Que motivos me fizeram escolher este OBJETIVO?

Dicas: Os motivos devem ser pessoais, sinceros e positivos.

RESPOSTA:

Devo manter o OBJETIVO?
Devo manter o MOTIVO?

NÃO → Refaça seus objetivos e/ou motivos e comece de novo.

SIM ↓

Acredito que posso alcançar o OBJETIVO?

NÃO → Ou falta confiança em si próprio, e você deve tê-la, ou você, no fundo, não quer o resultado. Reavalie seus objetivos e motivos.

SIM ↓

Estou disposto a agir e a persistir até alcançar o OBJETIVO?

NÃO → Se não há vontade de se esforçar e resistir, não adianta nem começar, pois isso seria perder tempo.

SIM ↓

Você já deu o primeiro e mais importante passo para ter sucesso em qualquer coisa na vida, inclusive provas e concursos.

→ Para transformar o seu objetivo em realidade será preciso trabalho e tempo. Você já deu o passo mais importante: continue. Dê os próximos passos.

Obs.: Lembre-se que o concurso público pode ser o próprio sonho (ter um bom emprego, ser policial, fiscal, professor, juiz etc.) ou o caminho para o sonho (ter mais segurança, mais tempo para os filhos, dinheiro para viajar, para investir noutros projetos etc.). Tome consciência do que você quer e lute por isso.

Capítulo 3

O PLANEJAMENTO DO ESTUDO

"Perfure seu poço antes de ficar com sede."

Harvey Mackay

1. INVENTÁRIO PESSOAL E CIRCUNSTANCIAL – FENÔMENOS

Antes de começar o seu planejamento de estudo propriamente dito é necessário saber exatamente seus pontos fortes e fracos, como lida com algumas circunstâncias e quais as atitudes para mudar ou aprimorar características. Para isso, faça seu inventário pessoal e circunstancial, como apresentado a seguir.

FENÔMENOS	CARACTERÍSTICA	ATITUDE
INIBIDORES	Falhas ou vícios internos e pessoais que limitam o desempenho. Ex.: medo, insegurança, preguiça, apatia, inveja, excesso de desejo por lazer etc.	Através do exercício do autocontrole e domínio próprio, eliminar os inibidores ou reduzir sua influência a padrões aceitáveis.
DEFLAGRADORES	Qualidades e atitudes que permitem uma qualidade de vida melhor e um desempenho superior nos estudos. Ex.: autoestima, dedicação, persistência, fortaleza, alegria, organização etc.	Aproveitar ao máximo as qualidades já existentes e, através da mudança da própria mente, desenvolver novas qualidades.
DIFICULDADES	São circunstâncias externas que prejudicam o estudo. Ex.: excesso de som no local de estudo, ter que trabalhar, dificuldades de saúde, limitações financeiras ou geográficas, filhos etc.	Tentar eliminar as dificuldades na medida do possível: trocar de local de estudo, mudar de local de residência etc. Adaptar-se às circunstâncias imutáveis (filhos, trabalho etc.)

FENÔMENOS	CARACTERÍSTICA	ATITUDE
FACILIDADES	São circunstâncias que facilitam o projeto de estudo. Ex.: não ter que trabalhar por receber ajuda de parentes ou cônjuge, dispor de um bom ambiente de estudo e de verba suficiente para livros e cursos etc. Lembre-se que sua escolaridade, estar lendo esse livro para se orientar, sua saúde, são "facilidades" importantes que você já tem a seu favor.	Aproveitar ao máximo as oportunidades. Não desperdiçar as vantagens, que podem não ser eternas. Não agir como o coelho, que, por ser mais veloz que a tartaruga, se descuidou. Não se sinta culpado se tem alguma facilidade: aproveite-a, pois alguém a está proporcionando por amor a você.

2. INVENTÁRIO PESSOAL: INIBIDORES E DEFLAGRADORES

Há uma série de fatores que inibem o desempenho do estudante e uma série de fatores que estimulam o processo de qualidade no estudo e de ganho real na aprendizagem. São estes os fatores que denomino de inibidores e deflagradores.

Precisamos nos olhar no espelho e, com sinceridade, definir nossas qualidades e defeitos. Quais são suas qualidades que facilitam o estudo? Quais são os defeitos que mais atrapalham? Liste-os.

Quais fatores externos são positivos? E os negativos? Liste-os.

Não ceda à tentação de pular esta parte e não se autoavaliar. Todavia, seja crítico, é preciso julgar a si mesmo, sob pena de se perder considerável ganho de aprendizagem na administração pessoal.

Mais do que isso, liste as coisas que mais o atrapalham no estudo. Por enquanto, anote apenas aquelas relacionadas diretamente à sua pessoa (não relacione, por exemplo, o fato de ter que trabalhar para sustentar a família ou de ter familiares exigentes/namorada carente). Por mais que seja difícil aparentemente "perder tempo" com essas avaliações pessoais, se um estudante é capaz de se autoavaliar e identificar suas dificuldades, será mais fácil superá-las. É por falta dessa prática que a maioria fica "marcando passo".

Enquanto ia sendo reprovado em exames e concursos, procurava identificar o que tinha atrapalhado meu desempenho. Assim, na próxima vez, estaria mais bem preparado. Eu sabia que, se me esforçasse o suficiente, mais cedo ou mais tarde os examinadores não teriam como me reprovar. Eu estaria suficientemente preparado para eles e para as possíveis "cascas de banana" que me lançassem.

À custa de muito "apanhar", aprendi a prestar mais atenção às questões para responder a elas, e não à minha imaginação. Aprendi a me trajar de modo confortável para o estudo e para as provas, a estudar a matéria com técnicas, a estudar com mais qualidade, a memorizar melhor os conhecimentos, a dividir melhor o tempo na prova, a controlar meu medo, ansiedade, indolência, a vencer interesses momentaneamente subalternos, como o excesso de descanso ou lazer.

Como dissemos, uma das melhores formas de aumentar o desempenho é conhecer bem sua situação interna e externa. Ao anotar os pontos positivos e negativos, você estará se municiando para se sair bem. Agora, é hora de parar de apenas ler. Reflita, pense e anote. Relacione quais são as qualidades (ex.: motivação, escolaridade) que o ajudam e quais os defeitos que você precisa superar (ex.: preguiça, falta de disciplina) utilize o modelo a seguir:

QUALIDADES	DEFEITOS

Em seguida, anote dados externos que o ajudam (ex.: família, tempo, proximidade):

FATORES EXTERNOS POSITIVOS

Por último, quais são as dificuldades externas que o estão atrapalhando? Primeiro anote-as e, depois, pense em estratégias e maneiras de resolver ou, pelo menos, minorar estas dificuldades.

FATORES EXTERNOS NEGATIVOS

2.1. Inibidores (vícios e defeitos)

Na prática, ao anotar aquilo que me atrapalhava durante o estudo ou as provas, estava aprendendo a lidar com os fatores inibidores de meu desempenho. Se alguém conseguir eliminar os inibidores pessoais do seu desempenho, poderá melhorar sensivelmente seu rendimento no estudo. Algo que poderá ser visto nos resultados.

A pergunta é: quais são os fatores que inibem seu desempenho?

Obviamente a resposta a essa questão é pessoal e individual. Listei aqui alguns dos inibidores que mais comumente surgiram em minha preparação e nas dos muitos alunos que orientei ao longo do tempo. A maior parte deles você consegue resolver com força de vontade e determinação. Alguns por completo, como é o caso do telefone, TV, internet, outros apenas podemos administrar, como os filhos e os pais. O importante é que, dando atenção à resolução desses problemas, tudo ficará mais fácil. O que reprova, de fato, são as dificuldades pessoais e circunstanciais. A matéria do concurso está nos livros e nas aulas: você só precisa se organizar para aprendê-la e treinar a transmissão dela para o papel da prova.

Proponho, também, algumas sugestões sobre alternativas e soluções que se têm mostrado adequadas ao longo dos anos para contornar esses inibidores.

Recomendo que você leia todo este item. Algum problema pode não estar incomodando agora, mas poderá vir a afligi-lo no futuro. São problemas comuns, que atingem a maioria dos candidatos. Outros com problemas idênticos conseguiram; você também conseguirá, bastando, para isso, pagar o preço.

2.1.1. Sono

Dormir é essencial, isso é um fato. É no sono que o que se aprende é convertido em memória. O problema é o sono em excesso. Só existe uma solução aqui: dormir apenas o suficiente: nem mais, nem menos.

Sono em excesso pode ser fruto da falta de exercícios físicos e da desorganização do horário. Transforme dormir em um ritual. Comece relaxando, desligando a mente dos estudos e problemas. Evite telas na hora de dormir, seja do celular, do PC ou do tablet; procure se desligar por completo.[2]

2.1.2. Cansaço

Cansaço é diferente de sono. Sono é normal; cansaço é gerado por excesso de tarefas ou má administração do tempo. Procure dormir o suficiente e com qualidade, fazer exercícios físicos regularmente, não se alimentar em excesso especialmente antes de dormir; evite quanto possível o excesso de tarefas e tenha momentos de relaxamento, de reflexão. Isto vai diminuir seu cansaço. Mesmo assim, o esforço para concursos gera cansaço. Pelo menos lembre que algum esforço extra agora vai lhe trazer mais tempo

[2] Pesquisas apontam que ficar exposto a uma tela emissora de luz (computador, celular, tablet...) à noite pode retardar sua capacidade de adormecer. Uma das explicações é que a luz emitida pelos aparelhos prejudica a produção de melatonina em nosso cérebro. Alguns computadores, celulares e tablets possuem um modo de tela noturna, específico para o período da noite. Se tiver essa opção, ative-a. Se não a localizar, existem aplicativos gratuitos que podem ser utilizados.

para descansar no futuro. Apenas evite pôr pressão demais na máquina para chegar lá, pois isto não é produtivo. O ideal é encontrar um ponto de equilíbrio.

2.1.3. Falta de concentração

Investigue se sua falta de concentração não é fruto da falta de interesse na matéria, no objetivo, ou de treino e organização. Na hora do estudo, devemos ser capazes de nos "amarrar", como Ulisses da Odisseia, aos nossos objetivos e não nos deixarmos levar por "cantos de sereia". Se não está conseguindo se concentrar, procure gerar interesses e pequenos objetivos em relação ao estudo; isso aumentará pouco a pouco a sua concentração. Se o problema persistir, sua falta de concentração pode exigir mais atenção.

2.1.4. Falta de disciplina

Disciplina é necessário. Escolha se quer ter disciplina e passar, ou continuar como está e não passar. Pode parecer duro, mas é a pura realidade. Disciplina é treino. Se começar agora, vai conseguir resultados mais rápido.

Se você ficar esperando uma situação perfeita para começar a estudar, vai acabar não começando. Comece logo a estudar e vá se aperfeiçoando aos poucos e paulatinamente. Por mais difícil que seja, tudo o que você já for estudando até a situação melhorar será útil e, principalmente, você não ficará procrastinando o início do estudo.

2.1.5. Falta de método ou de organização

Este não é mais um problema. Você já está se organizando. Coloque em prática as dicas deste livro e você terá, além da organização, o método!

Não é raro encontrarmos pessoas que só querem começar a estudar na hora cheia (10h, 11h) e se faltam alguns minutos, começam algo diferente até chegar o horário. Não é surpresa também que essa atividade ultrapasse o horário cheio e a pessoa atrase mais um pouco o início do estudo. Tudo para sabotar a preparação. Estudo e dietas que só começam na segunda-feira estão fadadas ao fracasso. Se quer começar a estudar com seriedade, ou perder peso, vai começar no dia que tomar essa decisão, independente de ser em uma segunda ou sexta.

2.1.6. Falta de tempo

A falta de tempo é resultado, em regra, da falta de compromisso com o objetivo ou da falta de organização e disciplina. Mas também existe o caso em que a falta de tempo é fruto das múltiplas responsabilidades que assumimos ao longo da vida (trabalho, filhos, pais). Nos dois primeiros casos, a solução é se organizar, não tem muito para onde correr. No terceiro, no entanto, é necessário um pouco mais de paciência e flexibilidade. O mais importante é a vontade de criar tempo para o estudo, o que exige sacrifícios e muita força de vontade. Uma frase bastante popular entre quem pratica esportes é: *no pain, no gain* (sem dor, sem vitória). Para vencer é necessário esforço pessoal.

2.1.7. Preguiça

Harvey Mackay disse algo que se aplica ao assunto: perfure seu poço antes de ficar com sede. Se você reconhece que a preguiça atrapalha, a solução está em mudar seu comportamento.[3] A preguiça, o descanso em excesso, a indisposição para o trabalho e para o estudo, e a indolência são como portas muito largas, mas que não levam longe. Escolha a porta estreita, e passe no concurso.

2.1.8. Falta de autoestima

O primeiro passo para melhorar de vida é parar de reclamar da atual e, a partir dela, construir outra, mais próxima do que deseja. Aceite-se como é e faça sua parte para mudar o que deseja que seja mudado ou melhorado. Goste de si mesmo, afinal, você é seu principal aliado e sua mente e seu corpo são a casa onde vai morar por toda a sua vida. Cuide-se bem.

2.1.9. Falta de dinheiro

A falta de dinheiro não é só um problema, mas também um bom motivo para você estudar. Toda pessoa esforçada consegue uma porta, seja uma bolsa, sejam bibliotecas públicas, livros emprestados, páginas gratuitas na *internet*, alguém para dar uma força. Não desanime; em breve, você terá mais dinheiro e um contracheque (*hollerit*) todo mês. Quando isso acontecer, ajude alguém de onde você veio. E não se esqueça de ser grato aos que o ajudaram.

2.1.10. Falta de motivação

Este é um fator importante; não o despreze. Aprenda a como se motivar com dicas contidas nesse livro, pois a motivação é essencial para realizar qualquer projeto.

2.1.11. Falta de memória e/ou de inteligência

Leia os capítulos sobre cérebro e memória contidos neste livro.

---

[3] Recomendamos, aqui, a leitura de Provérbios 6:6: "Vai ter com a formiga, ó preguiçoso, considera os teus caminhos, e sê sábio; a qual, não tendo chefe, nem superintendente, nem governador, no verão faz a provisão do seu mantimento, e ajunta o seu alimento no tempo da ceifa. Ó preguiçoso, até quando ficarás deitado? Quando te levantarás do teu sono? Um pouco para dormir, um pouco para tosquenejar, um pouco para cruzar as mãos em repouso; assim te sobrevirá a pobreza como um ladrão, e a tua necessidade como um homem armado."

2.1.12. Não gostar da matéria

Passe a gostar da matéria, ela deve ser sua aliada e não sua inimiga. Sobre como fazer isso, veremos mais adiante.

2.1.13. Falar muito ao telefone/WhatsApp ou "vício" em redes sociais

Você pode cronometrar o tempo que passa com o telefone (seja em ligação ou com mensagens/redes sociais). Para tanto, coloque o próprio telefone para despertar no horário destinado ao fim daquela atividade ou utilizar um cronômetro externo ou ampulheta. Após tantos minutos, desligue a ligação, feche o app e, se possível, desligue ou silencie o telefone. É uma mera questão de autodisciplina e de opção sobre o que é mais importante: o telefone, os grupos, o *feed* ou o objetivo.

2.1.14. Medo ou receio de não passar

Responda a uma pergunta: o medo de não ter sucesso já fez com que você fosse aprovado ou conquistasse seus sonhos? Ele ajudou você em algum momento? Não, né? Mas já atrapalhou, com certeza, quando te imobilizou diante de algo. O medo atrapalha mesmo e, por isso, temos de eliminá-lo. Renato Russo cantou que muitas vezes lidamos com monstros de nossa própria criação, e que podemos passar noites inteiras acordados apenas por causa do medo da escuridão. Não se deixe levar por tais fantasmas. Seja senhor de suas próprias emoções.

Há várias formas de lidar com o medo. Não se preocupe com ele, pare de se preocupar, tire o foco, "contra-ataque" com imagens e mensagens positivas. O cérebro é capaz de controlar sua atenção sobre um ou outro ponto, como quando em uma festa atendemos um celular ou conversamos com uma pessoa em especial. Utilize essa capacidade do cérebro para não prestar atenção no medo. Elimine-o por conta de sua inutilidade. Pense no seguinte: *Se um problema tem solução, não se preocupe; se não tem solução, para que se preocupar?*

Cada pessoa deve achar o melhor meio de lidar com o medo, a ansiedade, a tensão etc. No meu caso, sempre coloquei minhas preocupações nos ombros de Deus (ver Filipenses 4:6 e 7). Encontre o seu caminho pessoal para lidar com este problema.

2.1.15. Ansiedade

A ansiedade é uma variação do medo ou uma consequência da pressa em ter sucesso. Se a sua ansiedade é fruto de medo, retorne ao item anterior. Se, no entanto, é fruto da pressa, entenda que não adianta apressar as coisas quando o assunto é estudo e aprovação. Tudo tem o seu tempo (nesse sentido, ver Eclesiastes 3:1 a 22). A pressa é tão útil ao concurseiro quanto as noites em claro. Ambos irão reduzir seu rendimento e fazê-lo repetir, sem necessidade, algo que já deveria estar resolvido.

2.1.16. Nervosismo

Este inimigo, constantemente citado, é membro da mesma quadrilha em que atuam o medo, a ansiedade e o desespero. Assim como os anteriores, deve ser ignorado ou sublimado, pois para nada presta, senão para prejudicar. O nervosismo acontece quando a pessoa, equivocadamente, se impõe o dever de passar em uma prova ou concurso determinado. O que é muito comum no primeiro concurso que a pessoa presta. Ela acha que tem de passar na primeira tentativa quando, muitas vezes, só se é aprovado na terceira, quarta ou até mesmo na centésima tentativa. O importante é conseguir, mesmo que demore.

É preferível ter dez por cento de alguma coisa do que cem por cento de coisa nenhuma. Trabalhe com calma para ir tendo uma parcela do resultado pretendido. Em pouco tempo, você alcançará resultados melhores, aqueles que são difíceis de ser obtidos com nervosismo, pressa e impaciência.

Não se preocupe se você passou muito tempo parado. É só começar a estudar de novo que, aos poucos, a máquina vai voltar a ficar azeitada.

2.1.17. Preocupação com o nível de dificuldade da prova ou número de candidatos

a) **Dificuldade da prova**. É comum os candidatos se estressarem se perguntando (e perguntando a todo mundo) qual será o nível de dificuldade da prova, das questões, do examinador. Isso não adianta nada. O nível de dificuldade varia muito e, além do mais, o que define se a prova é difícil ou fácil é o que você estudou e sabe da matéria. Não pense assim, estude sempre para fazer uma prova com alto grau de dificuldade: se vier assim, você estará preparado; se vier fácil, para você será mais fácil ainda.

b) **Número de candidatos**. Outra grande fonte de ansiedade entre os candidatos é a malfadada "relação candidato x vaga" ou o número de candidatos. Você é seu maior concorrente, não os demais cadastrados no concurso que vai prestar. Estude, treine e faça as provas. A regra da fila dita que vai começar não sendo aprovado; depois vai passar, mas muito longe do número de aprovados; em seguida, vai melhorando e subindo na classificação até começar a ficar perto de ser chamado, daí será chamado em um ou dois anos e começará a ser chamado logo. É assim que funciona para quem persiste no estudo e aperfeiçoamento. Não estranhe se um ou outro dia piorar; faz parte. Preocupe-se com as coisas sobre as quais tem controle, como já dito no item "medo ou receio de não passar". Você já foi aprovado na corrida mais difícil que tem, está vivo!

2.1.18. Comparações com terceiros

Esta é uma das atitudes mais tolas que alguém pode ter. Esta atitude gera ansiedade, orgulho, arrogância, inveja, rancor, complexos, ou seja, uma gama enorme de fatores extremamente negativos. Não há pessoas ou situações iguais. Por isso, é tolice nos compararmos com outra pessoa, cuja vida, alimentação, oportunidades, inteligência, traumas, alegrias e experiências são distintos dos nossos. Quem faz isso pode ter duas sensações:

a) sentir-se inferior, esquecendo-se que o esforço próprio pode compensar qualquer desvantagem; ou

b) sentir-se superior, esquecendo-se que em uma prova iremos encontrar um monte de pessoas que nunca vimos antes e também que qualquer vantagem pode ir para o ralo se houver falta de dedicação. Por isso, também não é indicado como motivação.

A única comparação que faz sentido e é indicada para um estudante é aquela feita com seu próprio desempenho. Vença a si mesmo. Este é o desafio.

2.1.19. Problemas graves pessoais ou na família, saúde etc.

Todos têm problemas. Alguns são mais graves e difíceis de contornar, outros mais simples, de resolução mais imediata. A primeira providência é definir se a gravidade da situação é suficiente para recomendar a suspensão do projeto de estudo/concurso por algum tempo. Às vezes, a tempestade é tão forte, que se recomenda arriar as velas e esperar. Se for o caso, faça isso sem culpa. Por outro lado, se for possível administrar os problemas pessoais e conciliar sua resolução com a preparação, não tenha medo de combinar as coisas. Na maior parte das vezes, os problemas vão diminuir sua capacidade de esforço, mas sua força de vontade impedirá uma parada completa. Mesmo que com menos tempo, a manutenção de um programa de estudo vai ajudar a manter tudo na memória, agregar conhecimento e chegar aonde se quer. Existem muitos problemas de saúde (visão, audição, cefaleia/dor de cabeça, TPM, TDAH etc. cuja solução ou minoramento podem ajudar muito nos estudos.[4]

2.1.20. Vontade de desistir

Muitos acham que desistir é mais fácil do que persistir. Isto acontece porque para se desistir basta um instante, uma única manifestação de vontade. Não desistir é, aparentemente, mais difícil, pois depende de constância de propósito, de uma constante renovação da motivação, ideais, vontade. Se pararmos para analisar em longo prazo, no entanto, desistir é uma tarefa mais difícil porque quem desiste não chega, não alcança, não conquista. Quem persiste, mesmo que demore e dê trabalho, acaba alcançando, enquanto aquele que desiste, passa a vida com a frustração de não ter continuado e com a incerteza do "e se", o que, por si só, já é algo bastante difícil de se conviver com.

[4] Sempre peça a opinião de um especialista para descobrir a melhor solução para o que está afetando seu estudo e nunca se automedique. Sobre cefaleia, ver a página <http://www.dordecabeca.com.br>.

No filme Coração Valente existe uma cena muito marcante em que William Wallace, o herói da Independência da Escócia, prestes a enfrentar o temido e poderoso exército inglês, fala a seu exército composto de camponeses, que poderiam voltar para suas casas e viver tranquilamente anos e anos, como servos, mas vivos. Mas que depois de 10, 20 ou 30 anos, no momento da morte, cada um deles daria todo o resto de suas vidas para poderem voltar no tempo e ter de novo a oportunidade de lutar pela própria liberdade. O exército não desistiu de lutar, como você não deveria desistir.

Sobre se concursos valem a pena, acredite em mim: valem. Nem que seja para passar, tomar posse e depois pedir exoneração. Estude e treine, até passar. Depois, você pensa no resto, inclusive já tendo em seu patrimônio pessoal esta experiência.

Sobre por que não devemos desistir, ainda vale citar um ensino de Jesus, em Mateus 7:13,14: *Entrai pela porta estreita; porque larga é a porta, e espaçoso o caminho que conduz à perdição, e muitos são os que entram por ela; e porque estreita é a porta, e apertado o caminho que conduz à vida, e poucos são os que a encontram.* Embora estivesse falando sobre a opção de seguir a Cristo, o texto menciona uma lei espiritual preciosa, a de que caminhos muito fáceis (como é desistir) normalmente levam à perdição e ao fracasso. O esforço, o trabalho, o estudo, a dedicação e a persistência podem ser portas estreitas, mas conduzem a pessoa a um bom destino.

Dica

Programe-se positivamente: quando as coisas começarem a ir cada vez melhor (e esse é o objetivo de nosso trabalho, nossos esforços etc.), faça o seguinte:

1) Alegre-se por estar colhendo o que vem plantando.
2) Mantenha uma programação positiva, otimista. Aceite que as coisas deem certo. Afinal, as coisas podem dar certo!
3) Aproveite o bom momento para identificar falhas que ainda possam estar ocorrendo, procurando aperfeiçoar sua vida e sistema de estudo para evitar problemas futuros. Ou seja, após agir e ter algum bom resultado, reavalie, analise e realize eventuais ações corretivas, se elas forem necessárias.
4) Sempre é possível melhorar. Combine a satisfação, alegria e contentamento já alcançados com uma busca otimista por novos aperfeiçoamentos e melhoras.
5) Aproveite o dia (*carpe diem*).

“Isso de querer ser exatamente o que se é ainda vai nos levar além.”

Paulo Leminski

2.2. Deflagradores

Além das atitudes já citadas, queremos citar mais duas: a autoestima e a alegria.

Tenha, desenvolva e exercite as qualidades citadas abaixo e seu desempenho vai aumentar consideravelmente:

Autoestima. Esse mecanismo muito difícil de explicar objetivamente é essencial para quem deseja otimizar seu aprendizado. Se uma pessoa se respeita e estima, seu cérebro irá empenhar-se para aperfeiçoar esta noção, para obedecer a esta programação. Se a pessoa se menospreza, se diminui e não se respeita, seu cérebro irá trabalhar para que essa imagem mental seja cada vez mais verdadeira. Se a pessoa vive dizendo que é "burra", que não aprende, que não é capaz, seu cérebro vai simplesmente obedecer a estes comandos. Se a pessoa diz que vai conseguir, que vai aprender, seu cérebro irá esforçar-se para obedecer.

Sem autoestima é possível aprender, mas a experiência demonstra que se aprende mais facilmente com ela.

Alegria. A apreciação do próprio sucesso, das etapas vencidas, do acréscimo paulatino e constante de conhecimentos são excelentes instrumentos para melhorar a qualidade do estudo e diminuir a tensão e o estresse.

Certa vez, uma amiga me relatou com grande tristeza que havia tirado 47 na prova para o MP, ficando reprovada por apenas 3 pontos. Eu, que já fui reprovado na mesma prova com 46,5, tentei mostrar que essa era uma excelente nota. Ao que ela respondeu, desanimada: "Nunca tinha chegado tão perto". Na mesma hora eu falei: "Puxa! Você nunca tinha chegado tão perto!" com estusiasmo, otimismo e alegria. Na mesma hora ela sorriu e percebeu que aquela pequena mudança de entonação fazia toda diferença. Mais uma vez, lembrei-a do prazo para ser aprovado.

Aprenda a alegrar-se com seus progressos mesmo que venham disfarçados de derrotas.

> ***Ser feliz ou infeliz depende em grande parte de nossa disposição, não das circunstâncias.***
>
> Martha Washington

3. INVENTÁRIO CIRCUNSTANCIAL

Agora passaremos a tratar de circunstâncias externas ao indivíduo. Não estamos mais falando de qualidades ou defeitos, mas da situação em que o candidato se encontra: se trabalha fora ou não, tem dinheiro para livros e cursos ou não, e assim por diante.

Um bom planejamento para o concurso deve começar com a organização do tempo e com o esquadrinhamento das dificuldades e facilidades, que, muitas vezes, podem ser modificadas para melhor. Ainda que escrever as vantagens e desvantagens nem sempre possa modificar substancialmente nossa situação, serve para lidarmos de acordo com ela partindo de seu conhecimento.

Quais as facilidades e dificuldades que eu tenho para alcançar meu objetivo?

Se, em algum momento, as circunstâncias lhe ameaçarem com o fracasso, saiba que, enquanto se persiste tentando, não existe fracasso definitivo e que *o único fracasso real é aquele do qual não retiramos lição alguma*. Se você está no grupo dos que trabalham, e têm que sustentar a família, guarde duas coisas:

1) Na prova não vão perguntar sobre sua vida, mas sobre a matéria, logo não adianta querer saber menos porque tem bons motivos para não estudar o suficiente.

2) Existem mais pessoas com sucesso no seu grupo do que no grupo dos que não lutaram contra tantas dificuldades. Quem tem maiores dificuldades em geral leva o estudo mais a sério e vai longe.

> ***Somos o que fazemos, mas somos, principalmente, o que fazemos para mudar o que somos.***
>
> Eduardo Galeano

Resumo: faça um inventário pessoal para se organizar. Se as facilidades são o ponto alto de seu atual momento, não desperdice isso. Se você tem mais dificuldades, tantas que dá vontade de desistir, saiba que é de pessoas que estão na sua situação que surgiram os maiores vencedores, os melhores profissionais e um enorme número de aprovados nos exames e concursos.

Capítulo 4

DEFININDO UM PRAZO PARA A APROVAÇÃO

> "Concurso não se faz para passar, mas até passar."
>
> William Douglas – "Mantra" nº 6

1. PRAZO PARA APROVAÇÃO

A regra de ouro de um candidato a concursos deve ser: não defina prazos, estabeleça um objetivo e tenha a persistência necessária para alcançá-lo, demore o tempo que for. Como dizia o maior vendedor do mundo: *O fracasso nunca me alcançará se minha vontade de vencer for suficientemente forte.*

Além do mais, o fracasso é uma situação ou um momento, nunca um estado ou algo que defina a pessoa. Como já disse, você pode acumular concursos em que não passou, mas bastará uma aprovação para "resolver" o problema. E, de mais a mais, um resultado negativo sequer pode ser considerado um fracasso, porque você ganha experiência para o próximo concurso, vê seus pontos fortes e pode reforçar o ponto em que é mais fraco.

O título deste capítulo contém uma pequena armadilha: como definir o prazo para ser aprovado é exatamente não buscar a sua definição. O que devemos definir é o objetivo a ser alcançado e um dos motivos pelo qual não se deve definir um prazo é o fenômeno da agregação cíclica.

2. AGREGAÇÃO CÍCLICA

Cada novo conhecimento é agregado aos já consolidados formando-se um ciclo maior, mais rápido e mais seguro de aprendizado. A cada novo conhecimento aumenta o número de associações cerebrais e, consequentemente, a capacidade da memória e a facilidade de agregação de novos conhecimentos.

O aumento do conhecimento segue uma linha de progressão geométrica, funciona como se fosse uma imensa bola de neve, cada vez maior e mais rápida. É por esse motivo que não se pode parar de estudar até alcançar sucesso ou que se deve programar o sucesso na agenda. Enquanto estamos estudando, estamos agregando conhecimentos e aumentando nossa capacidade de aprender cada vez mais.

Moral da história: você não deve simplesmente desistir no meio do caminho. Gaste quanto tempo quiser até decidir qual é o seu objetivo, mas se ele for o de passar em um concurso, não pare até conseguir. Os tempos de aprendizagem variam de pessoa para pessoa. Você não deve correr o risco de parar de estudar um pouco antes de entrar nos ciclos de crescimento rápido, de assimilação geométrica. Imagine estar quase alcançando o momento em que começará a aprender mais rapidamente e parar... Não seria um desperdício?!

2.1. Demonstração dos ciclos

TEMPO EM CICLOS DE ESTUDO (SEMANAS, MESES ETC.)	CONHECIMENTO ANTERIOR	CONHECIMENTO AGREGADO (= CRESCIMENTO)	TOTAL DE CONHECIMENTOS
CICLO Nº 1	1,0	+ 1,0	2,0
CICLO Nº 2	2,0	+ 1,0	3,0
CICLO Nº 3	3,0	+ 1,2	4,2
CICLO Nº 4	4,2	+ 1,8	6,0
CICLO Nº 5	6,0	+ 2,5	8,5
CICLO Nº 6	8,5	+ 3,5	12,0
CICLO Nº 7	12,0	+ 6,5	18,5
CICLO Nº 8	18,5	+ 12,5	31,0
CICLO Nº 9	31,0	+ 22,0	53,0
CICLO Nº 10	53,0	+ 47,0	100,0

2.2. Analisando os ciclos

O fenômeno dos ciclos pode compreender dias, semanas, meses ou até anos. O número 100 é o grau de conhecimento hipotético que é preciso para se passar em um concurso, é a nota mínima para passar e a quantidade de matéria que se tem de conhecer para chegar lá. É importante ter essa informação delineada para poder começar a estudar. É o planejamento inicial.

CICLO Nº 1. Quando a pessoa começa, ela sabe apenas 1 em 100 graus necessários. O objetivo está distante, mas isto não impede que ele seja alcançado. Ao começar a estudar não se sabe praticamente nada. O grau 1 é dado porque ninguém começa do nada, já que traz experiências anteriores. No ciclo 1 a pessoa aprende + 1.

CICLO Nº 2. A pessoa aprende a mesma quantidade. Aparentemente não está aprendendo "nada". Poderá pensar que não está melhorando, pois nesta fase o crescimento é lento, em progressão aritmética e às vezes parece até piorar. Esta fase é, todavia, essencial para que se alcancem as demais. Aqui o cérebro começa a se exercitar e a se preparar para as novas agregações de conhecimento. Nesta fase pode haver a sensação de confusão ou desagregação, mas isto é parte do processo de aprendizado.

CICLO Nº 3. Começa a haver progresso: a pessoa passou a aprender 1,2, ou seja, teve um rendimento 20% maior.

CICLOS Nºs 4 a 6. Vê-se que a agregação de conhecimentos começa a deslanchar. O aumento é lento, mas gradual. A curva de agregação, que vinha subindo lentamente, começa a subir com mais vigor.

CICLOS Nºs 7 e 8. A pessoa começa a quase dobrar seu rendimento de ciclo para ciclo. A fase da progressão geométrica está iniciando. Pode acontecer de o estudante se assustar, começar a mandar mensagens negativas para o cérebro, tais como: "É matéria demais", "Vou esquecer alguma coisa". Essas mensagens venenosas podem ser obedecidas pelo cérebro, em prejuízo do próprio candidato. Portanto, pense positivamente. Esta fase é o começo da colheita. Veja que aqui o total de conhecimentos (20 a 30 em 100 necessários) começa a dar não só a esperança como a convicção de que é possível passar.

CICLO Nº 9. Nele o conhecimento passa a dobrar por ciclo. É impossível chegar nesta fase sem "penar" nas anteriores. O pior risco desta fase é o fato de que o candidato já está há muito tempo estudando. Muitos desistem bem perto do sucesso. É o famoso "morrer na praia". É nesta fase que o candidato começa a tirar notas "raspando" e, muitas vezes, interpreta o "quase passei" como fracasso e não como o que é: um glamouroso sucesso. Nesta fase basta não parar o trem.

CICLO Nº 10. Fase em que a agregação por ciclo é superior à dobra do conhecimento anterior. A tendência agora é multiplicar a agregação por três, por quatro e assim por diante. Isto nem precisaria ocorrer, pois nada, senão o tempo, impede a conquista do grau de conhecimentos necessários para passar. Todavia, quando o grau é 100, o candidato dependerá ainda um pouco da sorte: cair o que já estudou, do humor do examinador, de estar ou não num dia "daqueles" etc. Pode ser que, mesmo sabendo o necessário, não passe, fique por um triz. Curiosamente, há quem desista nessa fase porque ficou por pouco em alguns concursos e continua "apanhando". A solução aqui é não parar de prestar as provas. A essa altura estudar já se tornou um hábito. Além disso, deve-se analisar o desempenho, aperfeiçoar as revisões e o estudo nos pontos da matéria onde ainda encontre alguma dificuldade, ou seja, "aparar as arestas".

2.2.1. Variabilidade pessoal

Os ciclos e a velocidade e tempo de duração de cada um deles varia de pessoa para pessoa. O princípio, contudo, sempre ocorre: o conhecimento cresce em progressão geométrica, de modo que quanto mais tempo você se mantém estudando, mais rápido aprende e mais rápido chega à "velocidade de dobra". O que não significa necessariamente que estudar 10/12 horas por dia vai fazer você aprender mais rápido ou avançar mais nos ciclos. O importante é a qualidade do seu estudo. Outro detalhe: não se preocupe em contabilizar seu aumento de conhecimentos para o fim de verificar ciclos ou velocidade de dobra. Apenas estude com regularidade, exercite-se e deixe as coisas acontecerem. O melhor termômetro do seu aprendizado é a prova.

2.2.2. Velocidade de dobra

O candidato mais cedo ou mais tarde chega àquilo que chamo de "velocidade de dobra", estágio em que será capaz de, a cada ciclo, dobrar a quantidade de conhecimento agregado. No exemplo citado, os aumentos de conhecimentos foram de 1,0 – 1,0 – 1,2 – 1,8 – 2,5 – 3,5 – 6,5 – 12,5 – 22,0. Se a cada ciclo se agregasse um grau 20, já seria ótimo. O melhor é que depois que se chega a este ponto o ritmo do aumento de conhecimentos continua a crescer.

Esse fenômeno não acontece apenas individualmente. A raça humana, nos tempos antigos, levava séculos para dobrar seu nível de conhecimento. Hoje, já não se pode estimar tamanha a velocidade com que são criados novos conhecimentos e feitas novas descobertas em diversos campos. No caso do estudante, basta ter paciência e dedicação, ao lado de qualidade no estudo, para alcançar a "velocidade de dobra".

> *"As coisas sempre terminam bem.*
> *Se ainda não estão bem é porque não chegaram ao fim."*
> Fernando Pessoa

2.3. Gráfico do tempo de estudo em face da agregação de conhecimentos

Veja em forma de gráfico a relação entre tempo de estudo (Ciclos de nº 1 a 10) e quantidade de conhecimento agregado (1 a 50):

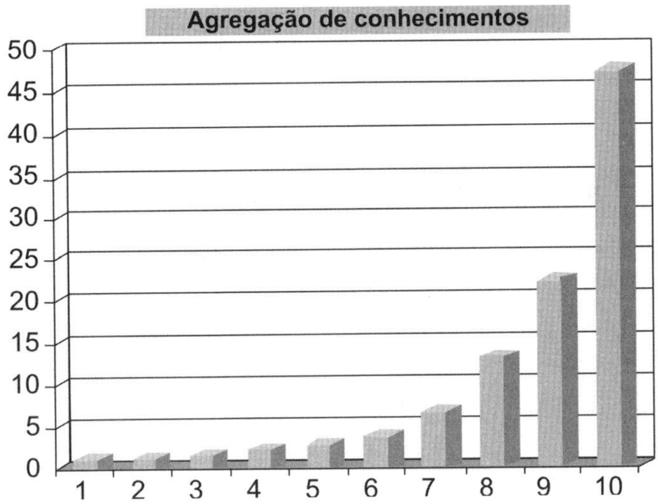

2.4 Linha do Tempo (Ciclos de Estudo)

Observe uma rápida comparação entre os ciclos de estudo em relação com a progressão de conhecimento agregado:

CICLOS (CADA UM DOS PERÍODOS DE ESTUDO, EM SEMANAS OU MESES)	QUANTIDADE DE CONHECIMENTO AGREGADO NO CICLO / PERÍODO
CICLOS N°s 1, 2 e 3	3,2
CICLOS N°s 4, 5 e 6	7,8
CICLOS N°s 7, 8 e 9	41,0
CICLO N° 10	47,0

a) Nos três primeiros ciclos a pessoa aprendeu "apenas" 3,2, quantidade de agregação que foi mais do que dobrada nos três ciclos seguintes (7,8).

b) Nos ciclos de n°s 7, 8 e 9 o aumento foi enorme em comparação com os seis primeiros ciclos (41,0 contra 11,0). Como se vê, a curva que relaciona tempo de estudo (ciclos) e agregação de conhecimentos começa subindo bem lentamente, vai se acelerando e, mais cedo ou mais tarde, explode, subindo como um foguete.

c) No ciclo 10, ou seja, num único ciclo (que pode ser, por exemplo, os últimos 3 meses de uma série de 30), a agregação foi de 47,0, superando os três ciclos anteriores, que já tinham sido de grande sucesso.

IMPORTANTE: aprender um assunto é como montar um quebra-cabeça: começamos devagar, mas à medida que progredimos a velocidade vai aumentando em saltos. Por isso, devemos ter paciência e perseverança, pois se fizermos nossa parte os resultados irão aparecer. Isso inclui estudar com disciplina, regularidade e com técnica.

3. BAMBUS E PEDRAS: SOBRE PRAZOS E RESULTADOS

A ideia de estabelecer prazo para passar, seja em anos ou em número de concursos ou tentativas é equivocada. E a comprovação disso pode estar em observar a natureza.

O bambu chinês, depois de plantado, passa cinco anos sem crescer nada para cima do solo. No sexto ano, chega à impressionante altura de 24 metros. Pela lógica humana, deveria crescer 4 metros por ano. Mas a natureza tem sua lógica.

Da mesma forma, quem está batendo com um martelo em uma pedra pode dar 20 marteladas e não ver nenhum efeito. De repente, a 21ª martelada esmigalha a pedra. Qual foi a martelada que funcionou? A 21ª? Não! A resposta certa é "*O conjunto das 21*".

Você não pode desanimar, achando que os resultados não estão aparecendo. Seu cérebro e sua aprendizagem funcionam pelas regras da natureza. Os resultados só aparecem depois de um tempo. Você vai precisar ficar martelando, mesmo sem ver resultados, até que – aparentemente de repente – as coisas aconteçam.

Uma coisa é esperar pelos resultados. Isto acontece quando você está estudando regularmente e com qualidade, organização e concentração. Outra coisa é o que acontece quando você estuda sem cuidado: os resultados nunca vão aparecer.

O que fazer, então? A resposta é simples.

Esteja atento ao seu sistema de estudo, fazendo progressos em suas técnicas de estudo e avaliando seus resultados (sem pressa). O tempo vai mostrar o que está funcionando e o que precisa ser melhorado.

4. O IMPONDERÁVEL: A SORTE E O AZAR

> ***"Engraçado, costumam dizer que tenho sorte.***
> ***Só eu sei que, quanto mais eu me preparo,***
> ***mais sorte eu tenho."***
> Anthony Robbins

O prazo também tem íntima relação com a sorte e o azar, ou seja, com o imponderável. É possível que estes fatores ajudem ou prejudiquem, residindo a solução em uma preparação que torne menor a sua influência. A sorte consiste em sair-se bem quando a probabilidade maior era contrária e o azar em ter algum revés quando as probabilidades eram favoráveis.

O azar acontece quando, embora preparados, por algum motivo não rendemos o suficiente na hora da prova. Para você não depender do imponderável, da álea (sorte/azar), você precisa saber, por exemplo, o suficiente para tirar 8,0. Mesmo que caia o que você saiba menos, que o examinador seja rigoroso, que você não esteja em um dia muito bom, você vai passar. Tirando isso, é certo que você, se já souber 50%, não vai dar azar sempre. Eu sempre pedi a Deus que me ajudasse, abençoando-me e protegendo-me do azar, do imponderável. E Deus ajuda a quem pede.

A Bíblia também diz para fazermos a nossa parte. Nossa parte é estudar o suficiente para ter conhecimento além da "conta do chá". Outra coisa a fazer é treinar as técnicas para realizar provas a fim de evitar queda de desempenho na hora da prova. Ou seja, não dar chance para o azar.

Dica importante:

A pessoa que estuda desorganizadamente e para por causa de uma crise de estresse ou cansaço, ou que passa um longo tempo longe do estudo por causa de uma prova onde achou sua nota injusta, entra em um circuito de perda, de desaceleração. Quem mantém um ritmo constante de estudo cria um sistema de acréscimo.

Ainda que existam períodos em que podemos estudar mais e outros menos em face de circunstâncias (ex.: mais durante as férias ou menos durante uma doença), o importante é manter sempre um ritmo mínimo (um "piso salarial"), a fim de que o cérebro mantenha ativas as associações específicas das matérias em estudo.

Considere cada concurso como uma batalha. Você pode até perder uma ou mais batalhas, mas se não desistir, vencerá a guerra. Este jogo só termina de duas formas: com uma desistência ou com uma vitória. Basta não desistir que você vencerá.

"O que importa não é a vitória,
mas o esforço,
não é o talento,
mas a vontade,
não é quem você é,
mas quem você quer ser."

Extraído do Anúncio da Reebok

Capítulo 5

COMO APROVEITAR SEUS ALIADOS

> "Se você quer ser bem-sucedido, precisa dar o melhor de si."
>
> Ayrton Senna

1. ALIADOS

Uma "guerra" para você e seus amigos. Antes de estudar a matéria em si é preciso aprender a conhecer a si próprio e a dominar sua capacidade de crescimento cognitivo. Além disso é valioso aproveitar todos os aliados disponíveis para vencer em provas e concursos. Ao contrário do que às vezes possa parecer, o candidato não vai sozinho enfrentar uma prova. Ele leva consigo suas crenças, família, amigos, inimigos, traumas etc.

Ninguém perde nem vence sozinho. Isto é, aliás, muito útil para se manter a humildade na vitória.

Alguém pode querer passar em um concurso sem qualquer ajuda, o que além de ser muito difícil, fará com que a pessoa não tenha com quem dividir ou comemorar sua vitória.

Aliados e "inimigos". Além de distinguir quem são os nossos aliados, devemos examinar quem, de certa forma, pode funcionar como um "inimigo". Um patrão insensível ao natural desejo de progresso do ser humano, e que não faça qualquer concessão, pode ser classificado como um problema ou mesmo "inimigo". A solução é se adaptar de forma que o prejuízo causado pela falta de apoio seja o menor possível. Isto pode acontecer também com um cônjuge, parentes, amigos etc. Outro cuidado é não se aproveitar do sucesso e jogar isso na cara do patrão, dos pais ou de qualquer pessoa, o que resultaria em motivação negativa, que prejudica o aprendizado.

2. VOCÊ

Você pode ser seu maior aliado ou seu pior inimigo. Após ter seguido os passos anteriores, como estabelecer o objetivo, ter fé que pode alcançá-lo, organizado os fatores positivos e negativos, além de não se cobrar um prazo determinado, tudo isto demonstra que você já está trabalhando como seu primeiro aliado. De você depende, por exemplo, buscar a ajuda divina ou tentar fazer tudo sozinho. De você também depende a parceria ou animosidade com seus colegas candidatos, o bom ou mau uso de seu cérebro, inteligência, memória etc. Só você será capaz de inverter o uso de suas falhas e defeitos para melhorar nos estudos, só você poderá esforçar-se para aperfeiçoar sua capacidade de comunicação verbal e escrita.

> "Nós não podemos nos dividir ou agir contra nós mesmos."

Para você se conhecer, ter autocontrole, será preciso disciplina, vontade e, principalmente, uma observação constante de si próprio. Avalie-se continuamente, veja seus progressos. Saiba, de antemão, que todos têm sua própria personalidade, qualidades, defeitos, potencialidades e limites. Essa variedade e essa individualidade é que tornam a Humanidade algo fantasticamente interessante.

A sua individualidade, que o torna alguém especial e único, deve ser respeitada. Uns são capazes de estudar 16 horas por dia, outros não; uns conseguem eliminar – por algum tempo – todo seu lazer sem se prejudicar, outros não; uns passam no primeiro concurso, a maioria não. Por tudo isto, eu digo: conheça a si mesmo (foi o que Sócrates ensinou), ame-se e respeite suas peculiaridades. O único risco é utilizar seus "limites" como desculpa para não se dedicar. Fora isso, vá com calma.

Como disse Jesus, *"Todo reino, dividido contra si mesmo, será assolado; e a casa dividida contra si mesma cairá"* (Lucas 11:17). Nós não podemos dividir-nos ou agir contra nós mesmos. Cada um deve ser seu primeiro aliado.

Quando digo que somos nosso primeiro aliado, em momento algum estou comungando com a ideia, equivocada e cada vez mais em voga, de que o homem se basta a si mesmo, de que não precisa de nada senão de desenvolver seu próprio poder e inteligência. Ao dizer que somos nosso primeiro aliado, tenho por base o fato de que a decisão de buscar a ajuda divina e a parceria com o próximo é individual e depende de nossa manifestação de vontade. Creio que o aperfeiçoamento individual não dispensa a comunhão com Deus e com o próximo, além de precisar de um esforço pessoal e contínuo. É nesse sentido que digo que somos nosso primeiro aliado. Não o único. Ninguém pode substituir nosso passo pessoal em direção a Deus, ao nosso aperfeiçoamento como pessoa e à convivência pacífica com o próximo.

Cuidar de seu equilíbrio emocional, paz interior e saúde serão muito úteis para sua felicidade e para passar em provas e concursos.

3. DEUS

Existe uma equivocada noção de incompatibilidade entre o culto à divindade e o conhecimento científico. Este desacerto afasta algumas pessoas de Deus. Outro engano é supor que o tempo utilizado para o convívio com a divindade é desperdiçado.

Eu não sei qual é a sua religião, mas posso dizer que é bom ter uma e investir na própria fé. Não pense que a fé tem alguma relação com a crença cega ou a ignorância. A fé é tanto mais forte quanto mais for questionada. Questione sempre suas crenças de modo que você as confirme ou encontre outras, mais verdadeiras.

Além de ter uma fé e questioná-la constantemente, é importante que se procure um relacionamento pessoal com o Criador, pois esta é a essência da boa religião: não um relacionamento distante e asséptico, mas pessoal e diuturno (ver, nesse sentido, Jeremias 29:13).

Meu objetivo ao fazer esta abordagem não é a conversão de ninguém, mas o registro de minha experiência pessoal e de que, ao contrário do que muitos proclamam, Deus existe, está vivo e disposto a compartilhar sua graça e misericórdia com quem a pedir. Sabendo-me fraco e necessitado de tal compaixão, sempre deixei as portas abertas e busquei o convívio direto com Jesus Cristo, do que jamais me arrependi. Imputo a Ele a razão de minhas modestas vitórias. Ao escrever sobre como se preparar para um concurso, não poderia deixar de mencionar a minha principal fonte de ajuda. Seria injusto falar sobre o modo de me preparar e omitir que "*O temor do Senhor é o princípio da sabedoria*" (Salmo 111:10A).

O mais importante é que o convívio pessoal, direto e constante com Deus, não é privilégio de uma ou outra pessoa mais evoluída ou disto merecedora por méritos próprios: estar com Jesus é algo ao alcance de todos, gratuito e verdadeiro. Aprouve a Ele proporcionar um acesso tão simples que mesmo uma criança pode entender. Se você quiser, pode experimentar buscar Deus e desfrutar de sua benignidade. É provável que você possa alcançar seus objetivos sem precisar de Deus, mas me parece que, se a gente pode contar com um grande amigo na caminhada pela vida, isso vale a pena.

4. FAMÍLIA

A família é um dos grandes aliados, e uma boa motivação, para se estudar e passar em concursos. E, se mal administrada, pode ser uma das maiores dificuldades para chegar ao sucesso.

Quando ela está atrapalhando, pode ser que a culpa seja nossa: quando a gente se esquece de dar atenção aos familiares e de chegar a acordos para que todos se ajudem mutuamente, sem que um ou vários sejam escravos de outros.

Se sua família não está ajudando, tente mudar esta situação, através de conversa, paciência e acordos. Às vezes, dá certo e, certamente, vai ajudá-lo. Se não der certo, desculpe, mas você vai precisar se organizar para que seus sonhos não deixem de ser realizados por causa disso.

Se sua família o está ajudando, cuide para manter as coisas como estão. Esforce-se para retribuir o apoio e aproveitar a boa sorte que está tendo.

Para alguns, a família é um ponto de apoio e incentivo, ao passo que, para outros, é uma das piores dificuldades. Se, após fazer este inventário, você considerar sua família um complicador, converse com ela para pedir apoio e compreensão. Se os conseguir, ótimo; caso contrário, não esmoreça. Você deve estar disposto a vencer *junto com* ou *apesar das* pessoas com quem convive.

Algumas pessoas são "bancadas" pelos pais ou cônjuges, podendo dedicar todo o seu tempo para o estudo, sem ter qualquer dificuldade para pagar cursinhos e comprar livros. Você está nesse afortunado grupo? Ou você é daqueles que têm que "suar" para conseguir pagar um curso preparatório e despende quase que todo seu tempo em seu trabalho e mantendo sua família?

Curiosamente, é mais comum ver aprovados no segundo grupo do que no primeiro. Estatisticamente, o excesso de oportunidades não resulta em maior sucesso. Parece que quem tem muita facilidade termina não a aproveitando. Se você está nesse grupo, tome cuidado. Às vezes, as oportunidades acabam: já vi pessoas que eram sustentadas e não estudavam terem grandes dificuldades quando o pai ou marido faleceu ou teve uma doença. Quando se é sustentado, deve-se preparar para o momento em que tiver que ser o provedor. Não desperdice suas oportunidades.

4.1. Situações difíceis

Filhos – Se você tem filhos muito novos, precisará dar atenção a eles e criar mecanismos para ter tempo e silêncio para estudar. A partir da adolescência, passa a ser menos difícil conversar com os filhos para organizar o estudo. Em qualquer caso, separe algum tempo (o que for possível) para lhes dar atenção integral, tenha tempo para eles. Seu filho precisa saber que ele é importante; não dá para ser pai ou mãe só depois que passar. O tempo que você gastar com ele será útil.

Pais/ tios/ avós – Ajudam com apoio emocional, financeiro e com conselhos. Atrapalham quando pressionam demais ou tentam intervir exageradamente. Mas é sempre bom separar um tempo para eles, no fim das contas, mesmo atrapalhando, eles querem o seu sucesso.

Doença – A maior parte dos problemas deve ser administrada para que você consiga estudar **apesar deles**, mas algumas vezes você vai precisar dar uma parada total no estudo. Alguns casos de doença grave, internação hospitalar ou falecimento podem demandar isso. Nestes casos, não desanime: resolva a situação emergencial e depois volte ao estudo. Resolva o que está te tirando do estudo para não ter a mente em duas coisas.

Nesse ponto vale repetir a conhecida oração:

> "Senhor, dai-me coragem para transformar as coisas que posso transformar; serenidade para aceitar as que não posso mudar; e sabedoria para distinguir umas das outras."

5. O PRÓXIMO

Há dois enfoques que quero dar nesse item. O primeiro é a visão do próximo como alguém que nos pode dar um retorno, uma opinião sobre como estamos indo. Aqui entram todas as pessoas com as quais você convive. O segundo enfoque é a visão que a pessoa tem de seus colegas de sala, por exemplo. Se você os vê como amigos ou inimigos.

Aprenda a se alegrar com os elogios, mas tenha coragem de perguntar pelas críticas e sugestões. Sempre pergunte, de forma amistosa, se a pessoa vê algo em que se pode melhorar. Cuidado com as pessoas que só sabem criticar e nunca estão satisfeitas com nada (boa parte delas não faz nada, não tem objetivos, nunca elogia ninguém etc.). Por outro lado, compreenda que amigo, muitas vezes, é aquele que critica, não quem elogia.

5.1 O próximo como companheiro ou como concorrente

Ajudar ou não ajudar? Você se lembra das turmas dos cursos preparatórios? Lembra daquelas pessoas que nunca ajudavam as outras? De quem não empresta seu caderno para ninguém, como se nele estivesse escrita a fórmula para transformar chumbo em ouro? Pior, você é esta pessoa mesquinha? Quando algum colega falta à aula, você tem boa vontade em passar a matéria para ele? Quanto mais você ajuda outra pessoa, além de ajudá-la, mais você se ajuda.

Amigo ou inimigo. Por vivermos em uma sociedade extremamente competitiva, muitos passam a considerar o colega de sala como um adversário, como a pessoa que vai tirar a sua vaga. A partir desta visão belicosa da vida, alguns passam a ir para o curso como se fossem para um campo de batalha, onde se deve proteger de todos os adversários e, se possível, tirar alguma coisa deles. Pode parecer brincadeira, mas já vi gente ensinando a matéria intencionalmente de modo errado ou emprestando caderno desatualizado.

Quem assume esta atitude, ao invés de crescer, cria uma série de bloqueios que irão prejudicá-lo, a começar pela perda de um ambiente agradável de estudo e convivência. Repare essas pessoas e veja como são taciturnas, caladas, carrancudas, desconfiadas. Repare suas expressões faciais e como aparentam estar quase sempre de mau humor. As pessoas, naturalmente, não se sentem muito bem perto delas. Tenho certeza de que você conhece alguém assim. Eu gostaria que tomasse cuidado para não ser assim, pois isso só atrasa a sua vida.

Aqui vai uma dica de alguém experiente: aprenda a aproveitar seus colegas de sala para juntos enfrentarem o concurso, um ajudando ao outro, e todos sairão vencedores, cada qual no seu tempo.

Modifique-se. Se você em uma autoavaliação, honestamente reconhecer que age dessa maneira, ouça o conselho de um amigo: mude. Seu problema é muito mais sério do que passar em um concurso, seu problema é de relacionamento com as pessoas. Se você passar sem se modificar, a tendência é que seja um profissional egoísta. Acredite em alguém que já passou bem colocado em vários concursos: quanto mais você dá, mais você recebe. Esta é uma lei espiritual. Quanto mais você ensina, mais você aprende. Quanto mais você ajuda, mais é ajudado.

> "Você não tem que vencer os outros candidatos, você tem que vencer a si próprio e à banca examinadora."

6. SUA INTELIGÊNCIA

Você é inteligente? Quando começo a falar sobre este assunto sempre ocorre certo constrangimento. As pessoas, em geral, não estão satisfeitas com a própria inteligência e se consideram até "um pouco burras", em geral.

Somos educados a pensar que a inteligência e a beleza são dádivas da vida que já recebemos prontas e acabadas, que estamos "condenados" a passar o resto da vida com a quantidade de uma ou de outra que foi por nós recebida. É óbvio que aquele que do destino já recebeu beleza e/ou inteligência prontas é um afortunado, com muito mais facilidade e conforto. Para quem não nasceu genial ou lindo, porém, restaria apenas a resignação?

No que tange à inteligência, aos poucos vai se firmando não só o seu melhor conceito, mas também, e felizmente, a conclusão de que ela pode ser aperfeiçoada. É óbvio que o gênio nasce pronto, mas mesmo ele pode se aperfeiçoar. As pessoas que não tiveram tal sorte podem aprender técnicas que otimizem suas capacidades, muitas delas aprendidas da observação dos gênios.

A verdade é que é possível aprender a ser mais inteligente e a desenvolver espécies diferentes de inteligência. A inteligência necessária para a felicidade está à disposição de todos. Além do mais, não existem pessoas "burras", mas sim pessoas que ainda não tiveram a possibilidade ou a vontade de desenvolverem sua capacidade intelectual.

Os dois melhores conceitos de inteligência são os seguintes:

- **Inteligência é a capacidade de adaptação.**
- **Inteligência é a capacidade de buscar a felicidade.**

Na verdade, a inteligência é uma habilidade que nasce com todos os seres humanos e é passível de desenvolvimento, ou seja, é possível aprender a ser mais inteligente.

Atos de inteligência. Além da noção de que há diferentes espécies de inteligência, vale mencionar o ensino de Luiz Machado, de que, mais do que pessoas inteligentes, há atos de inteligência. Isto facilita a compreensão de que podemos ser mais inteligentes, desde que substituamos atos menos inteligentes por outros mais inteligentes.

Logo, concluímos que:

1) A felicidade é mais do que passar em um concurso.

2) Você não precisa ser um gênio para ser aprovado.

3) Você já possui hoje um enorme potencial de crescimento e aprendizado.

4) Você pode otimizar sua inteligência e capacidade de aprender.

7. O PLANETA

Se o assunto é "aliados", então, amigo, você precisa saber: existe todo um planeta para ajudá-lo. Se você já está lendo este livro, você é alfabetizado ou está aprendendo a ler e isso já é um enorme passo a seu favor! Quase todo o conhecimento humano está escrito. Você, por saber ler, já pode se considerar com sorte de poder ter acesso à maioria do que é sabido pela humanidade.

Vamos além: você tem livros, apostilas, professores, amigos, a *Internet*, bibliotecas, programas do governo e particulares para dar bolsas e/ou material de estudo para pessoas interessadas. Você os está aproveitando? Espero que sim. Existem bolsas em cursos particulares mediante troca de horas de aula por horas de trabalho etc. Aproveitá-los é uma forma de tornar o planeta seu aliado.

No assunto "concursos", há vários sites com conhecimento gratuito. Para pesquisa e pós-graduação, programas governamentais (ver CAPES, CNPq). Em todos os lugares, universidades e cursos prestigiam os alunos com as melhores notas.

Para quem não tem dinheiro, existem ONGs de apoio, pré-vestibulares e cursinhos preparatórios para carentes. Eu nunca vi alguém esforçado que não conseguisse apoio. Crie suas próprias oportunidades e persiga suas chances.

> ***"A melhor forma de prever o futuro é criá-lo."***
> Peter Drucker

Para ajudá-lo, listo alguns *sites* úteis:

www.cers.com.br
www.cursoaprovação.com.br
www.pontodosconcursos.com.br
www.praetorium.com.br
www.editoraferreira.com.br
www.direitoemdebate.net
www.prolegis.com.br
www.boletimjuridico.com.br
www.pciconcursos.com.br
www.cartaforense.com.br
www.direito.com.br
www.planalto.gov.br
www2.camara.leg.br
www.stf.jus.br
www.mec.gov.br
www.cultura.gov.br
www.estudar.org.br
www.futura.org.br
www.folhadirigida.com.br
www.lfg.com.br
www.vestcon.com.br
www.academiadoconcurso.com.br
www.correioweb.com.br
www.juspodivm.com.br
www.williamdouglas.com.br
www.impetus.com.br
www.sougenius.com.br
www.tudosobreconcursos.com
www.goconqr.com
www.estrategiaconcursos.com.br
www.examtime.com
www.direitoemaudio.com.br

Obs. 1: Procure-me em minhas redes sociais e site para dúvidas e sugestões: twitter.com/site_wd; facebook.com/paginawilliamdouglas; youtube.com/sitewilliamdouglas; instagram.com/sitewilliamdouglas. Jogue com as cartas que lhe vieram à mão!

Obs. 2: Para quem possui smartphone e tablet existem alguns aplicativos com questões e dicas para concursos e Enem. Vale conferir. Trata-se de uma boa opção para aqueles momentos de deslocamento.

> ***"O futuro é um carro sem motorista em alta velocidade.***
> ***Você tem que ser o motorista.***
> ***Você tem de planejar.***
> ***Tem de decidir a direção a tomar.***
> ***Quer que as decisões sejam tomadas pelos outros?***
> ***Não seja apenas um passageiro."***
>
> Milo O. Frank

Capítulo 6

SEU CÉREBRO

> O cérebro é como um paraquedas: só funciona quando está aberto.
>
> Sir James Dewar

1. O CÉREBRO: UM DOS MAIS IMPORTANTES INSTRUMENTOS DE TRABALHO

O cérebro é um dos mais importantes instrumentos para se estudar, mas em geral é subaproveitado. Para explorar melhor o seu imenso potencial, precisamos conhecê-lo, saber como funciona, ler seu "manual de instruções".

O cérebro funciona como o mais espetacular dos computadores, com capacidades que até mesmo o melhor filme de ficção científica não poderia explorar. Ele funciona em parte automaticamente e em parte mediante programação. A parte que funciona "no automático" admite reprogramação. E é por falta de comandos corretos que a maior parte das pessoas subutilizam esta máquina.

Quem quer passar em concurso e vencer na vida não pode dar-se ao luxo de desperdiçar as próprias virtudes. Para que o leitor tenha ideia do quanto nosso cérebro é poderoso, uma das mais promissoras linhas de desenvolvimento da informática é aquela que procura construir computadores que funcionem de modo análogo ao nosso cérebro. A neurocomputação é assim chamada porque utiliza redes que simulam o funcionamento de nossa rede neural (de neurônios). Daí surge a inteligência artificial, que é o conjunto de técnicas onde a máquina é programada para resolver problemas da mesma maneira que o cérebro humano.

No momento em que os computadores procuram aprender com o cérebro humano, ainda existem humanos que não aprenderam a usar seu próprio "equipamento de fábrica".

O cérebro é um organismo com cerca de 1,3 a 1,5 quilograma, movido basicamente pela glicose (açúcar). Para você ter ideia da energia utilizada pelo cérebro, ele pesa cerca de 2% do peso total do corpo e utiliza em média de 20 a 25% de toda energia consumida pelo corpo humano.

O cérebro humano possui cerca de 10 bilhões de neurônios, que são as células mais distintas do nosso organismo, apresentando maior complexidade estrutural e funcional que qualquer outra célula. Eles conduzem o impulso elétrico que é convertido em informação (visual/auditiva etc.)

Capacidade de armazenamento do cérebro. Nosso cérebro pode armazenar o equivalente a pelo menos 11.641 gigabytes, e esse armazenamento não se esgota, uma vez que funciona por associação e não por armazenamento físico, como em um HD normal. Isto quer dizer que seu cérebro não tem problemas de espaço.

O conhecimento é armazenado em redes neurais, cuja estrutura física difere da forma como costumamos estudar. Imagine um engradado de refrigerante, ou um armário cheio de prateleiras milimetricamente iguais. É dessa forma linear e estática que a maioria pensa se constituírem os arquivos cerebrais e por isso estudam linearmente, dificultando o aprendizado. Nosso cérebro está muito mais próximo de uma teia de aranha, de um quebra-cabeça, de raízes e galhos. Todo o armazenamento obedece a estruturas associativas em cadeia. Por isso, a forma eficaz de aprendizado é a dinâmica, tal como é a estrutura cerebral.

A partir de uma série de associações dadas, o cérebro é capaz de, consciente ou inconscientemente, elaborar novas associações. Criatividade é gerar novas associações. Desde que a pessoa não se autolimite, ela será capaz de suscitar ideias e soluções novas a partir dos dados preexistentes. Quanto maior o número de informações disponíveis no cérebro, maior a capacidade de resolver problemas.

2. CARACTERÍSTICAS DO CÉREBRO

NOSSO CÉREBRO

possui / trabalha:

COM DETERMINADA CAPACIDADE DE CAPTAÇÃO E RETENÇÃO

destinada a obter o máximo de informações do universo e reter

e processar apenas as que forem mais úteis

EM SEUS DOIS HEMISFÉRIOS,

direito e esquerdo

10 a 100 bilhões de neurônios ativos

Funciona à base de glicose e oxigênio

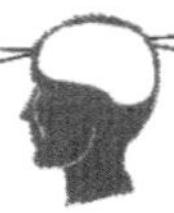

Trabalha através de associações

Capacidade de armazenamento de pelo menos 11.641 Gigabytes

Consciente: controla a atividade em que se está prestando atenção

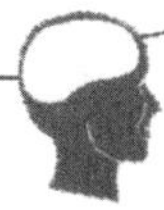

Inconsciente: Controla todas as demais funções cerebraise físicas de modo automático e/ou conforme programação feita pelo consciente

Captação: obtém, através dos sentidos, o maior número possível de informações do corpo e do universo

Retenção: capacidade de selecionar dentre a imensa quantidade de informações, as 5 a 7 que são mais importantes

Hemisfério Esquerdo: é acadêmico, lógicas, matemática, capacidade linguística, concreto corpo caloso: compõe-se de 300 milhões de células nervosas que fazem a ligação entre os hemisférios

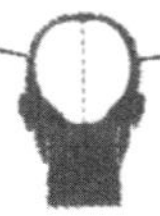

Hemisfério Direito*: artes, músicas criatividade, aleatoriedade, abstração

* considera-se o lado direito da própria pessoa

Ondas beta: estado de alerta ou excitação. É o estado mais comum da pessoa quando acordada.

Ondas Teta e Delta: são as dos sonos leve e profundo

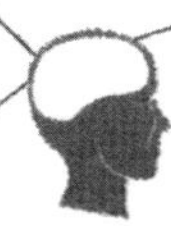

Ondas Alfa: estado de calma e tranquilidade de vigília + relaxamento. É o estado onde há maior aproveitamento no estudo e aprendizado. Necessita relaxamento + concentração. Há estudos que indicam ser útil ouvir música barroca, pois seu ritmo é semelhante ao comprimento da onda alfa

Visual: aprende mais o que visualiza com figuras, esquemas, desenhos, etc.

Auditiva: aprende mais com o que ouve, com palestras, sons, músicas.

Cinestésica: aprende mais através das sensações (olfato, paladar e tato)

Digital ou polivalente: possui um equilíbrio entre as 3 demais formas de captação e é mais meditativo

3. A CAPACIDADE DE CAPTAÇÃO E DE RETENÇÃO E SUA UTILIDADE PARA O ESTUDO

Captação. O cérebro é capaz de captar uma notável quantidade de sensações. Interessa receber o máximo possível de informações do universo, desde como vai o nosso dedão do pé até se o cometa Halley vai bater na Terra. O olho humano, por exemplo, capta milhares de informações ao mesmo tempo, tantas que boa parte delas é assimilada apenas pelo inconsciente. O consciente possui um limite para lidar com informações: ele só acompanha, no máximo, de 5 a 7 coisas ao mesmo tempo. O que passa disso é jogado fora ou colocado no "automático" (inconsciente). Se não fosse assim, não seria possível ao consciente controlar a atividade da pessoa. A retenção nada mais é do que a seleção que o cérebro faz (ligando e desligando o acesso aos neurônios) a respeito daquilo que, numa montanha de informações, é o mais importante para o indivíduo. É por isso que ninguém guarda o telefone da pessoa que não interessa: o cérebro não vê utilidade e não retém o dado.

Relação com a concentração. Quanto menor o número de atividades concomitantes, maior será a concentração da pessoa e, paralelamente, a sua capacidade de fixação das informações respectivas. Com o treino será possível trabalhar bem com mais de uma atividade (multiprocessamento), mas não é o ideal procurar fazer isso. É aquela velha história de não se tentar assoviar e chupar cana ao mesmo tempo.

Se você estudar com seu dente doendo, uma das informações que o consciente irá trabalhar é a dor. Logo, você terá "concorrência" com a matéria do livro. O que o cérebro acha mais importante, a matéria ou a sobrevivência da espécie? A tendência é que a dor dificulte a assimilação de outros dados.

Devemos saber administrar a relação consciente x inconsciente e selecionar de acordo com nossa vontade o que será retido em primeiro lugar.

4. OS DOIS HEMISFÉRIOS E SUA UTILIDADE PARA O ESTUDO

O cérebro possui dois hemisférios (direito e esquerdo), ligados pelo "corpo caloso". O lado esquerdo trabalha a linguagem, fala, lógica, números, matemática, sequência e palavras. O direito trabalha a rima, ritmo, música, pintura, imaginação, imagens, modelos e harmonias.

A utilidade desse conhecimento para o estudo é a de se procurar desenvolver as habilidades que, por alguma razão, não colocamos em prática. O rumo natural é sempre se fazer o que é mais fácil, o que em princípio gostamos mais. Com isso, deixamos de empregar aptidões e competências que, embora menores em um primeiro momento, podem crescer e se revelarem um excelente meio para fazer do cérebro um equipamento mais versátil.

A aptidão para o uso de um ou outro hemisfério faz da pessoa um artista ou um político, um cientista ou um escritor. O lado esquerdo é mais "acadêmico", mais "estudioso", ao passo que o direito é mais "artístico", mais "criativo". Não existem pessoas mais isto ou mais aquilo: existem pessoas que usam mais seu potencial disso ou daquilo. É claro que há os gênios, que são excepcionais em alguma habilidade ou na combinação delas, mas o gênio é a exceção.

Todos podemos aprender a utilizar os dois lados do cérebro e, assim, alcançar os benefícios da conciliação entre suas competências. O fato de usarmos mais um dos hemisférios não nos impede de desenvolver o outro e, se o fizermos, teremos uma máquina mais capaz e completa.

Ao estudar, procure estar tranquilo, sem preocupações com outros problemas e sem pressa de terminar. A respiração deve ser calma e natural. Uma das formas de estimular o estado alfa é ouvir música erudita (clássica) alguns minutos antes ou durante o estudo, por ex., Johann Sebastian Bach. Embora a música ajude, basta que a pessoa se acalme e respire tranquilamente que a frequência cerebral baixará.

5. ASSUNTO: FORMAS DE CAPTAÇÃO[5] E SUA UTILIDADE PARA O ESTUDO

O cérebro possui quatro formas de captação de informações: visual, auditiva, cinestésica e digital ou polivalente relacionadas a cada um dos sentidos. O tato, o olfato e o paladar resultam na capacidade sinestésica (sentir); a visão resulta na capacidade visual; e a audição, na auditiva; há pessoas que possuem um grande equilíbrio entre o peso das formas de captação: são os digitais ou polivalentes.

Cada pessoa possui uma forma de captação maior ou menor em seus diversos sentidos. Procure se identificar:

Visual. Precisa "ver" a coisa para compreender, captar, aprender. Não basta conversa, não basta raciocinar ou uma boa explicação. Visuais precisam ver para compreender. Você pode perceber a tendência visual na fala da pessoa, pois diz "*Viu*?",

[5] Não confundir "cinestesia" com "sinestesia": Segundo o Aurélio, cinestesia significa: "Sentido pelo qual se percebem os movimentos musculares, o peso e a posição dos membros" e sinestesia é "relação subjetiva que se estabelece espontaneamente entre uma percepção e outra que pertença ao domínio de um sentido diferente (ex.: um perfume que evoca uma cor, um som que evoca uma imagem etc.). Ex.: 'Avista-se o grito das araras.'(João Guimarães Rosa, Ave, Palavra, p. 91); 'Tem cheiro a luz, a manhã nasce.../Oh sonora audição colorida do aroma!' (Alphonsus de Guimaraens, Obra Completa, p. 100)". Assim, o termo cinestesia, com "C", é o que se refere à forma de captação relacionada à percepção corporal (tato, paladar, olfato, músculos). Para mais informações sobre a relação entre sinestesia e cinestesia, acesse: <http://www.novainter.net/blog/voce-tem-sinestesia/>.

"*Veja bem*", "*Olha só*", "*Não vejo a hora*", "*Visualiza isso, cara*". Outra forma de perceber a tendência é a gesticulação na frente ou indicando os olhos e a postura mais ereta.

Auditivo. Precisa ouvir, escutar. Responde melhor a um estímulo auditivo do que aos demais. Ao falar utiliza termos como "*Vê se me escuta*" e "*Isso não me soa bem*". Gesticula na altura dos ouvidos ou apontando e tocando os próprios ouvidos ou do interlocutor. Em sua postura pode parecer estar virando o ouvido para ouvir melhor.

Cinestésico. Procura a sensação de sentir, provar, tocar. Fala "*Não me cheira bem*", "*Não me toquei com isso*", "*Esse cara me marcou*", "*Sentiu isso, cara?*" etc. Precisa sentir, tocar. Sua postura parece indicar a tentativa de cheirar ou provar.

Digital ou polivalente. Essa pessoa é aquela que tem uma captação equilibrada entre os sistemas acima. Sua característica é a de ser introspectivo no sentido de se tocar ou falar sozinho, gostar de pensar "com seus botões" e querer a explicação de tudo.

Dica

Dar aulas é um bom sistema de aprendizado, pois força o uso de habilidades relacionadas com os cinco sentidos.

Veja qual a forma para você aprender melhor:

a) Se é **vendo**, atente para a lousa, mentalize-a. Faça muitos esquemas visuais, fluxogramas, anotações em árvore, utilize cores, marcadores fluorescentes etc. Se você estiver em uma situação na qual não pode ver a matéria, lembre-se dela e a mentalize numa lousa (quadro-negro) mental onde se escreverá a ideia ou se fará um esquema.

b) Se é **ouvindo**, não perca concentração nas aulas. Repita a matéria para si próprio (recitação). Grave a matéria.

c) Se é **sentindo**, procure participar das atividades da aula e criar métodos de estudo que agucem o uso dos sentidos. Toque o caderno ou apostila. "Sinta" o cheiro da matéria, "sinta" o seu gosto. Estude em lugares perfumados. Relacione assuntos com odores, gosto, e assim por diante. Experimente se estudar manuseando uma bola de borracha ou de metal aumentará ou não o seu rendimento. Há pessoas em que isso ocorre por causa da estimulação e outras em que atrapalha porque é mais uma informação para o consciente. Uma dica interessante é transformar o estudo em uma atividade física, um jogo que utilize o corpo.

d) Você aprenderá melhor se utilizar **sistemas** que combinem os diversos modos de captação sensorial.

e) **O melhor sistema de aprendizado é fazer**. Prepare aulas, escreva, fale, faça resumos, exercite, pratique. Quer aprender a falar, ministrar aulas ou qualquer outra coisa? Faça-o.

6. SISTEMA LÍMBICO

O sistema límbico é o responsável pela autoproteção instintiva do indivíduo, pela emoção e pela sexualidade. Nele não se reconhece a linguagem e se trabalha apenas com imagens e emoções. Devemos a um brasileiro, Luiz Machado, a pesquisa e demonstração da importância do sistema límbico para a aprendizagem. É o professor brasileiro que iremos citar para demonstrar a importância do sistema límbico (1991, p. 25-27):

> "Nós temos dentro da caixa craniana três cérebros e dois hemisférios. Explicando: na evolução, a natureza dotou o ser humano com três estruturas, identificadas anatomicamente, que chamamos de complexo R (cérebro do réptil), o primeiro; o cérebro paleomamífero (o segundo cérebro) que, em termos de funções, se chama Sistema Límbico; e o terceiro cérebro, o cérebro neomamífero, possibilitador da linguagem conceitual e das operações intelectuais.
>
> Somos induzidos a pensar que a atividade intelectual se processa apenas no nível racional, lógico, através de linguagem escrita ou matemática, através de operações intelectuais. Essa noção vem por terra quando se verifica que o sistema emocional é responsável pela memorização e por fenômenos com profunda repercussão na atividade intelectual (alegria, depressão, amor, paixão, repulsa, indiferença etc.)."

Deste momento em diante, se queremos estudar com eficiência, devemos começar a fazê-lo não só com o terceiro cérebro, mas também com o segundo (chamado de sistema límbico), que lida com a emoção e a comunicação através de imagens mentais. Devemos estudar com o cérebro inteiro, pois é preciso estar inteiro em tudo o que fazemos.

É possível fazer a programação do sistema límbico (o 2º cérebro) a fim de aproveitar todo o seu potencial. Se ele é, juntamente com o sistema glandular, responsável pela nossa autopreservação e sobrevivência, é lógico que a partir do momento em que o programarmos corretamente sobre aquilo que nos é necessário, todo o sistema trabalhará a favor disso.

A força do cérebro humano é muito grande, se você programá-lo corretamente.

A programação do 2º cérebro é feita através:

a) do amor que você tem pela coisa que quer ou a que se refere. Quanto mais se gosta de algo ou de alguém, mais o sistema límbico se envolve com o assunto e, consequentemente, participa daquela parte de sua vida, auxiliando com seu imenso potencial anímico. Assim, apaixone-se pela matéria.

b) do seu interesse pelo assunto. O seu interesse é reconhecido pelo 2º cérebro como uma forte indicação de que aquilo é importante e, portanto, deve ser aprendido, memorizado, guardado, objeto de atenção etc. Aqui reside a importância da motivação. Diga para si mesmo a importância da matéria.

c) do senso de utilidade do assunto para o bem-estar próprio (busca de prazer ou fuga da dor). Quanto mais se conhece sobre a futura utilização do dado, mais o cérebro quererá memorizá-lo. Se a pessoa não vê ou sente utilidade, o cérebro vai desprezar as informações respectivas. Por esse motivo, inconscientemente, muitos alunos se programam cerebralmente para não prestarem atenção às aulas, o que vira um costume. Se conscientemente mudar de programação, passará a assimilar a aula. Faça isso: lembre-se que a matéria é essencial para seu sucesso.

6.1. Exemplo de como não ter um "branco" na prova

A pessoa tem "branco" porque programa o cérebro de forma incorreta. Ela ou já diz que vai ter um "branco" ou diz que não quer tê-lo, nos dois casos mandando junto a imagem do último branco. Na hora da prova, quando o cérebro obedece à programação e a pessoa tem o "branco" ainda diz: *"Viu, eu sabia que ia ter um branco!!"* Com isso, cada vez mais programa-se o cérebro para dar "brancos" na hora da prova. Também não adianta dizer que vai lembrar da matéria e imaginar mentalmente o "branco", pois o cérebro, como já dito, obedece mais à imagem do que à palavra. Esse, que é um dos maiores problemas de candidatos, pode deixar de sê-lo com facilidade.

Devemos programar nosso cérebro com atitudes e imagens corretas e adequadas. Tal como um filho, nosso cérebro não aprende e repete o que falamos, mas sim o que fazemos e sentimos.

Evite o Branco:

A) *Emita ordens verbais claras e positivas para seu cérebro.*

B) *Emita ordens com imagens (visão, som, luz, emoção) para seu cérebro.*

C) *Mentalize e visualize aquilo que você quer que seja feito ou que aconteça.*

7. OUTROS RECURSOS QUE PODEM SER ÚTEIS AO APRENDIZADO

7.1. Programação neurolinguística

A Programação Neurolinguística – PNL, como qualquer outro conjunto de técnicas de controle da mente, é útil ao interessado em aperfeiçoar-se. Para compreender a ideia básica da PNL, podemos recorrer ao chamado "Seminário de PNL em 3 minutos", de O'Connor e Seymour (1995).

Para obter sucesso na vida é preciso ter em mente três coisas:

1) Saber o que quer. Ter uma ideia clara do objetivo desejado em qualquer situação.
2) Estar alerta e receptivo para observar o que está conseguindo.
3) Ter flexibilidade para continuar mudando até conseguir o que quer.

A PNL trabalha procurando relacionar e organizar nossos comportamentos decorrentes dos cinco sentidos, e do uso da linguagem tanto para se autoprogramar como para estabelecer comunicação com terceiros. Quem tiver interesse em aprofundar-se nesses estudos poderá adquirir material ou realizar cursos sobre tais campos de estudo.

Pressuposições da PNL. Por força de sua aplicação ao nosso assunto, transcreverei a seguir algumas pressuposições da PNL, elaboradas por Spritzer (1993, p. 163). Estas pressuposições são coincidentes com cuidados no estudo e realização de provas e concursos.

Pressuposições da PNL:

- *Se você fizer o que sempre fez, terá a resposta que sempre teve.*
- *A natureza do Universo é mudança.*
- *Não há erro, só resultado.*
- *Não há fracasso, só experiência.*

CONCLUSÃO

De tudo que escrevi, vale dizer que o cérebro é o maior e mais inexplorado dos territórios e que ele funciona melhor quando não funciona sozinho. Ele funciona melhor quando funciona com o coração. O cérebro é um fantástico serviçal, mas as coisas devem ser feitas e buscadas com o coração. Faça uma programação correta daquilo que você quer, entre com coragem e disposição e tudo irá funcionar melhor.

Para se aprofundar no tema "Seu Cérebro" veja: *Como Passar em Provas e Concursos* (versão integral) Capítulo 6, *Como Usar o Cérebro para Passar em Provas e Concursos*, em coautoria com Carmem Zara, especialista em PNL ou o livro *Mapas mentais e memorização*, em coautoria com o professor Felipe Lima.

'Eu gostaria'
nunca fez nada;
'Eu tentarei'
fez grandes coisas;
'Eu farei'
fez milagres.

Anônimo

Se você não estiver dando ao mundo
o melhor de si, para qual mundo
você está se guardando?

K. M. Keith

Indagaram a Bunker Hunts, bilionário do petróleo do Texas, qual o conselho que ele daria às pessoas sobre como ser bem-sucedido. Ele respondeu:
'O sucesso é simples: primeiro você decide com precisão o que quer; segundo, decide que pagará o preço para fazê-lo acontecer; então, paga esse preço'.

Citado por Francisco Dirceu Barros em "Carta aos concursandos"

Capítulo 7

SUA MEMÓRIA

> Somos o que fazemos, mas
> somos, principalmente,
> o que fazemos para mudar
> o que somos.
>
> Eduardo Galeano

INTRODUÇÃO

Definição. A memória é a função mental de armazenamento de informações e experiências. É a capacidade humana de reter e evocar qualquer forma de conhecimento.

Capacidade. Mesmo aparentando ser algo difícil, estudos já concluíram que o cérebro humano é capaz de memorizar tudo o que acontece. Espaço e capacidade existem: falta apenas saber utilizar todo este potencial.

Sabemos que um adulto é capaz de recordar os fatos das últimas semanas e tem dificuldade de recordar fatos distantes no passado, ao passo que pessoas idosas conseguem recordar perfeitamente fatos de sua adolescência e têm dificuldade para lembrar o que aconteceu no dia anterior. Isto demonstra que os dados permanecem dentro do cérebro o que ocorre é a dificuldade de acessá-los, resgatá-los.

Processo. O processo da memória decorre de um sistema que trabalha com cinco momentos distintos:

captação + fixação + manutenção + recuperação + transmissão

1. FASES DO PROCESSO DE MEMORIZAÇÃO

Como dissemos, a memorização bem-sucedida passa por cinco estágios. A seguir, comentaremos as características e melhor forma de otimizar cada uma delas. Acompanhe:

ESTÁGIOS	CARACTERÍSTICAS	COMO OTIMIZAR O RENDIMENTO
CAPTAÇÃO	A pessoa recebe informações através de seus cinco sentidos: visão, audição, olfato, tato e paladar. Para a maioria das pessoas, a visão tem certa preponderância, mas isto é determinado pelo desenvolvimento cerebral.	Aumentar a captação é, principalmente, cuidar da saúde (cinco sentidos) e ter acuidade. Prestar atenção ao que está fazendo e ao que está acontecendo é a chave para uma boa captação.
FIXAÇÃO	A fixação dependerá do tipo de memória utilizada (de curto ou longo prazo) e da qualidade do armazenamento. A fixação é feita nos neurônios, em especial nos dendritos. A fixação corresponde ao "marcar" a informação recebida no cérebro.	O cérebro realizará uma seleção de tudo o que estiver acontecendo e fixará o que lhe parecer ou for determinado ser o mais importante. Aqui é essencial o interesse, o amor e a vontade da pessoa em relação ao assunto ou informação. Fazer conexões entre as informações é importante para a fixação. O armazenamento depende de boa alimentação, oxigenação, boa captação e estímulo suficiente.
MANUTENÇÃO	Depois de se "marcar" a informação em um número "x" de neurônios, será a hora de assegurar que esse registro não se perca nos pelos menos 10 bilhões de neurônios ativos. A manutenção é a perenização do registro (p.ex.: não sendo feita outra "gravação" sobre ele). O cérebro raramente mantém guardada informação considerada inútil, mesmo que inconscientemente.	Para manter uma informação no cérebro é preciso indicar a utilidade da mesma. O cérebro não tem o vício humano de "guardar" o que não será usado. Para a informação não se perder ou apagar é preciso que ela seja bem fixada. A boa fixação é aquela feita com a utilização das técnicas, especialmente a de associação das informações na rede neural.
RECUPERAÇÃO	Recuperar significa localizar e resgatar a informação guardada e mantida no cérebro. Quem leva duas horas para se lembrar de algo que precisa com urgência é uma pessoa que soube guardar e manter, mas que não sabe recuperar a informação que já está no cérebro. O "branco" na prova, por exemplo, é um problema de recuperação da informação.	Para recuperar é preciso saber métodos para "armazenar" a informação de modo adequado. É como se deixássemos nossas "gavetas" ou "arquivos" cerebrais bem arrumados. Mais uma vez precisaremos utilizar a associação, a etiquetação, processos mnemônicos etc. A associação é essencial uma vez que ancora um tema em outros de retorno mais imediato. A principal técnica aqui é a prática, o treino, a execução.
TRANSMISSÃO	É a capacidade humana de repassar para terceiros (de forma escrita ou oral) o conteúdo memorizado, a informação que foi guardada e recuperada.	Aprenda a redigir e a falar com fluência. Aprenda a utilizar a linguagem humana, inclusive a não verbal. Treine redação e faça muitas questões e simulados. Treinar em frente ao espelho e aproveitar as oportunidades que surgirem para falar em público pode ajudar.

Talvez você esteja achando tudo isso complicado, mas não é. Entendendo o processo da memória e com concentração, atenção, interesse e vontade, ela funcionará cada vez melhor.

2. A IMPORTÂNCIA DA CAPACIDADE DE COMUNICAÇÃO

Como dissemos, é necessário bom preparo para se comunicar, por escrito e verbalmente. Uma coisa é deter o conhecimento da matéria, outra – bem diferente – é saber transportar esse conhecimento para o papel ou para o discurso. Um surdo-mudo que tenha assistido a um fato poderá lembrar-se dele perfeitamente e mesmo assim não lograr êxito em atuar como testemunha salvo se conseguir articular o que testemunhou por escrito ou por um bom intérprete.

Imaginem o caso de dois candidatos. "A", que estudou muito, aprendeu e memorizou tudo, mas não sabe redigir e nem falar bem; e "B", que não estudou tanto e sabe apenas medianamente a matéria. "B", contudo, tem prática de redação e domina as técnicas básicas da oratória e já treinou a apresentação anteriormente. Por saber comunicar-se melhor, a tendência é que a nota de "B" seja superior à de "A", mesmo sem dominar totalmente a matéria.

Treine sua capacidade de transmissão de ideias. Não adianta ter uma Usina de Itaipu de conhecimentos, e um fio de meio milímetro para transmitir todo esse conteúdo. Você já teve um professor que sabia muito a matéria, mas não sabia dar aulas? Saber a matéria, saber memorizar e não saber transmitir é nadar, nadar e morrer na praia. Você precisa de todos. Se você quer passar em concursos, deve **estudar** a matéria e **treinar** a transmissão do que aprendeu. Para isso, faça exercícios, questões, simulados. Depois, faça a correção e, se possível, ensine a alguém, dê aulas mesmo que seja para si mesmo. Grave e transmita.

3. COMO MELHORAR A MEMÓRIA

Você já estudou como um louco para uma prova e um dia depois de fazê-la não se lembrava de mais nada? Ou, no meio da prova, já havia se esquecido de alguns detalhes?

O motivo do "sim" é porque você usou a memória de curto prazo (ou de curto ciclo). Essa modalidade de memória é aquela que se usa para decorar um número de telefone, por exemplo. Como o cérebro faz um ciclo curto, a tendência é a rápida perda da informação ou da capacidade de recordação.

A memória de longo prazo, ao contrário, é aquela que permite satisfatório armazenamento e recuperação da informação. Observe que as duas são importantes e necessárias. Imagine como seria lembrar-se de todos os números de telefone que já discou na vida. A imensa maioria não tem qualquer utilidade, alguns nem existem mais. Assim, o cérebro está preparado para ser eficiente. Só falta saber programá-lo dizendo o que é e o que não é importante.

Você esquece quando as informações possuem pouca mobilização afetiva (motivação) e/ou quando são mais ou menos desestruturadas (não são esquematizadas, não possuem lógica ou não são revistas periodicamente). E isso ocorre não só com informações textuais, mas com atitudes ou técnicas, como manusear um determinado equipamento.

3.1 Como guardar uma informação por mais tempo?

A **utilização de uma ou outra forma de memória**, por incrível que pareça, depende exclusivamente de nossa vontade.

Quando a informação entra no cérebro, ele classifica a "mercadoria", enviando-a para uma ou outra "caixa" ou "gaveta". Se nada fizermos, o cérebro irá usar uma ou outra memória aleatória e emocionalmente o que resultará em apenas algumas informações armazenadas. No registro emocional acontece o seguinte: se é algo que você não gosta ou não dá importância, seu cérebro registrará a informação como descartável e não a guardará. Se você acha o assunto importante, como o telefone daquela pessoa interessante, seu cérebro vai mandar o assunto para a memória de ciclo longo.

Portanto, ao invés de deixar a escolha para seu cérebro, decida conscientemente o mais rápido possível o que você pretende lembrar no futuro. Sempre que estiver estudando, programe sua memória dizendo para si próprio e para seu cérebro que aquele assunto é importante e que você pretende aprendê-lo para o resto da vida.

Outro cuidado é dar melhores condições para o cérebro fazer seu trabalho, como, por exemplo, estudar com atenção, fazer a leitura de modo adequado e em um ambiente propício, estudar fazendo associações e relações, fazer resumos e revê-los periodicamente, contribuindo para enfrentar o efeito da curva do esquecimento.

4. TÉCNICAS DE MEMORIZAÇÃO

4.1. Os cinco métodos principais

1) **Estabelecer relações e associações**

2) **Identificar a aplicação**

3) **Execução**
4) **Processos mnemônicos**
5) **Etiquetação mental**

4.1.1. Relações e associações

Não há nada melhor para a memorização do que estabelecer relações e associações entre as diferentes informações que deseja memorizar. Relacione tudo o que você aprender com conhecimentos já consolidados em sua mente e a matéria entre si.

Uma das formas para memorizar é ao invés de fazer uma lista linha a linha, fazer uma teia ou árvore ligando as informações, situando as mais importantes no centro e partindo delas para as bordas. Como abordar diferentes aspectos de um mesmo conceito. Essa é a base de um mesmo conceito. Essa é a base da técnica de Mapas Mentais que falaremos adiante.

As pessoas normalmente gostam de esquemas, quadros sinóticos e fluxogramas porque "é mais fácil aprender". Na verdade, gostam mais porque além de serem formas com maior apelo visual, tais meios de apresentação estão mais próximos do modo como o cérebro armazena informações. Por isso se aprende mais.

Sobre esse sistema já discorreu o Professor Ricardo Soares, nos seguintes termos: "A *motivação contribuirá para a recordação. O que desejamos memorizar vai depender também de atitudes básicas para um resultado eficiente: concentração, atenção e observação.*

Seguem abaixo algumas dicas práticas para facilitar o seu trabalho:

- *Exercite sua memória fornecendo novas associações e criando ligações do conhecimento novo com o que já está perenizado na memória.*
- *Elabore as imagens mentais cuidadosamente para facilitar a evocação.*
- *Realize as anotações após a memorização para que as mesmas não interfiram no processo.*
- *Visualize as aplicações práticas das técnicas apresentadas relacionando-as com seu dia a dia.*
- *Esclareça suas dúvidas de imediato. Questione, discuta, participe!*

4.1.2. Identificar a aplicação

Sempre que for estudar, diga a si próprio qual é a utilidade daquilo que você vai aprender. Se seu cérebro sabe que vai usar alguma informação, ele a guarda melhor. Diga para si mesmo onde e quando pretende usar aqueles conhecimentos.

Quando o professor diz que tal matéria vai cair na prova e você faz um asterisco ou coisa parecida naquele ponto, você o memoriza, não? O que acontece nesse caso é que seu cérebro é informado de que aquele item será usado no futuro. É por isso que o item é memorizado. O que você tem de fazer é colocar este asterisco mesmo nas coisas que não são lidas. Destacar a importância em sua mente.

4.1.3. Execução e utilização

A melhor forma de nunca mais esquecer uma coisa é praticá-la. Ande de bicicleta um minuto e isto valerá mais do que dois anos estudando teoricamente tudo sobre "Como andar de bicicleta". Elabore um resumo e você dificilmente esquecerá a sua forma de elaboração e o assunto. Isso acontece porque o fato de fazer, realizar, praticar exige processamento mental mais elaborado e, consequentemente, um maior número de relações, além de uma aplicação efetiva, e não simplesmente teórica e abstrata.

Utilize isso! De agora em diante, procure executar no mundo real o conhecimento adquirido, faça provas, faça simulados. Quando não tiver nenhuma outra ideia, ao menos faça um resumo ou uma redação sobre o tema objeto de seu estudo, pratique-o, associe a teoria à prática.

4.1.4. Processos mnemônicos

Um excelente sistema para memorizar dados importantes é o uso de processos mnemônicos. Antes de explicar como usá-los, diga-se que o ideal é memorizar o essencial (o esquema, a árvore, a estrutura) e, a partir daí, fazer uso do raciocínio. Memorizar, sem compreender, deixa o conteúdo frágil.

Este processo funciona com a formulação de frases, palavras ou relações com as letras do dado a ser memorizado. Veja os exemplos a seguir:

"*Não mexe*" é o processo através do qual decorei a fórmula $N = m \, . \, x$, em química. Hoje nem sei para que serve, mas o processo me permitiu guardar a informação.

"*Cablomoamefecar-desabexa-texa21 – Eneja-prali-trancar-ó-fededipe*" foi uma musiquinha que fiz no quartel, contendo todas as peças da metralhadora *.50*. Hoje me lembro apenas de que o "*ca*" é de cano e "blo", de bloco porque não pratico mais, mas na época serviu para me garantir um grau máximo que me manteve como o primeiro colocado da Arma de Infantaria.

"*Minha vizinha tem muitas joias só usa no pescoço*" me permitiu recordar o nome dos planetas do sistema solar através da primeira letra de cada palavra durante o ensino fundamental. É mais fácil decorar uma frase do que nove palavras. Mercúrio, Vênus, Terra, Marte, Júpiter, Saturno, Urano, Netuno, Plutão (que, em 2006, deixou de ser um planeta, para ser considerado um astro menor).

COMFIFORMOB significa os elementos do ato administrativo: COMpetência, FInalidade, FORma, MOtivo e OBjeto.

NONEP significa atos administrativos Normativos, Ordinatórios, Negociais, Enunciativos e Punitivos.

Ex tunc é o que volta para trás (efeito retroativo) e *Ex nunc* é o que nunca volta (sem efeito retroativo).

O uso de relações combinadas com processos mnemômicos é útil. O número do celular de um amigo era 789-4789. Foi fácil memorizar, pois o nº era 789 + 4 (que é o 4º número) + 789 de novo. Depois o número mudou, mas até então era fácil lembrar dele. Procure sempre alguma relação entre os números ou entre eles e sua vida ou a da pessoa. Exemplo: parte do número do telefone de uma amiga é 7273. Ela nasceu em julho de 73. Logo, foi "encomendada" em 72 e nasceu em 73. Está decorado o 7273. O que sobrar de algarismos deve ser objeto de mais relações ou, se não as encontrar, será mais fácil decorar dois ou três números do que sete.

4.1.5. Etiquetação mental

A etiquetação é uma das técnicas para associar dados a fim de recuperá-los mais facilmente. A memória "arquiva" as informações de modo um tanto quanto semelhante aos nossos arquivos de metal ou nosso computador pessoal. Imagine a memória como um colossal arquivo com inúmeras "pastas" e "gavetas".

Se jogarmos as informações no nosso cérebro de qualquer maneira, nossos "arquivos" se constituirão em uma grande bagunça. Na hora de o cérebro recuperar uma informação, ou não vai conseguir ou vai levar mais tempo do que dispomos.

Isto já deve ter acontecido com você: queria lembrar-se de alguma coisa (nome de uma pessoa, um filme, um telefone) e não conseguiu. Algumas horas depois a informação veio direto para seu consciente totalmente fora do contexto. O que acontece nesses casos é que você manda uma ordem para seu cérebro e ele vai atender. Mesmo depois de você desistir, o seu cérebro fica lá, como um bom empregado, trabalhando freneticamente para lhe dar a resposta. O problema é que muitas vezes se deixa a informação tão solta, tão mal arquivada, que é preciso algum tempo para o cérebro achá-la no meio de bilhões de neurônios.

Uma das soluções para esse problema não é "esquecer para lembrar mais rápido", é treinar o seu cérebro a trabalhar mais rápido na busca de informações.

Outro recurso que você pode usar é o que eu chamo de "etiquetação mental". Tudo o que você quiser recuperar no futuro deve ser "arquivado" em "pastas", por assuntos mais ou menos inter-relacionados. Mentalize e/ou repita para si mesmo qual é o assunto de que trata a informação que você está enviando para dentro de sua memória. Reproduza mentalmente a capa do livro, a importância do assunto, relações, tudo o que puder servir para que a matéria "entre" no cérebro bem endereçada.

Voltando ao exemplo do número de telefone, você pode reproduzir mentalmente o desenho que o número faz no teclado para memorizá-lo com mais eficiência.

Com o tempo, você verá que será mais fácil recuperar os dados. Quando estudo, tenho sempre o cuidado de fixar bem o tema tratado, o título do livro, o título do capítulo etc. Ao iniciar um novo capítulo, refaço o trabalho de repetir tudo, inclusive passando pelo índice ou esquema. Isso funciona para facilitar a montagem do "quebra-cabeças" e ajuda a organizar os dados da memória. Após você treinar o suficiente, para fazer a "etiquetação", bastará a concentração e fixar o(s) título(s) por alguns segundos.

4.2. Técnicas de estudo favoráveis à memorização

Dentre as várias técnicas de estudo, algumas facilitam a memorização. Observe que a memorização não deve ser um objetivo em si mesma, mas uma consequência do aprendizado sólido.

4.2.1. Leitura e releitura

Faça uma pré-leitura (índice, tópicos e ideias principais), leia o texto com calma e depois o releia, buscando dar maior atenção aos pontos mais relevantes. A leitura atenta é um bom caminho para a memorização.

4.2.2. Marcações

Não se avexe em sublinhar, marcar, anotar dúvidas, realçar ideias principais. Há quem utilize até hidrocores diferentes ou canetas coloridas (marca textos). Óbvio, quando não se tratar de livro de uma biblioteca ou emprestado por algum amigo. As marcações facilitam a memória e a fixação. Mas não marque tudo, isso desvia a atenção. Marque na segunda leitura.

4.2.3. Recitação

Consiste em repetir a matéria, o texto ou seu resumo após a leitura. Também são válidos o "dar aula" para si próprio e o fazer perguntas a si próprio em voz alta. O que você não souber explicar ou responder, deve ser objeto de revisão. Pode ser um excelente momento para gravar a matéria que pode ser ouvida ao dirigir, durante sua atividade física.

4.2.4. Resumos ou esquemas

Tome apontamentos, em fichas ou no computador. Após estudar um livro, reveja os tópicos principais utilizando as fichas. Dê aula para alguém usando as fichas e, se precisar, recorra ao livro. Peça a um amigo para ouvir você explicar e tentar repetir o conteúdo da ficha ou, ao menos, explique o tema após seu amigo ler cada tópico. Se cada colega de estudo resumir um livro, o encontro de revisão será proveitoso.

4.2.5. Gráficos e árvores

Servem para fazer recordação a médio e longo prazos. O gráfico pode ser mais simples, como um memento, ou mais elaborado, em forma de árvore. Também podem ser utilizadas figuras e fluxogramas, desde que se insiram as informações básicas para que se faça a recordação no momento da revisão. Alguns chamam o gráfico em árvore de sintegrama analítico.

4.2.6. Questionários e debates

Um grupo de amigos também pode dividir a tarefa de preparar questionários. O colega 1 lê o livro A e prepara um questionário sobre o livro B; o colega 2 lê o livro B e prepara um questionário sobre o livro A. Ambos preparam uma aula sobre o livro que leram. Na reunião, após as duas aulas, passam para os questionários. Este sistema pode ser usado com dois ou mais colegas e servir tanto para aprofundar em uma mesma matéria ou cada colega pode ficar com a "aula" de uma disciplina. Os debates, estimulados pelos questionários e problemas propostos, constituem excelente instrumento de aprendizado.

Um sistema mais simples é o colega 1 ler, preparar a aula e fazer o questionário do livro A. Aí ele ministra a aula e entrega o questionário para o colega 2. O colega 2 terá feito o mesmo com o livro B.

4.2.7. Atividade física e memorização

Quando a pessoa realiza alguma atividade física relacionada com o estudo (lecionar, fazer resumo, copiar, repetir em voz alta), ela necessariamente utilizará um maior número de funções cerebrais, ativando uma quantidade maior de neurônios. Isso facilita a memorização. Mesmo que a atividade física não seja diretamente ligada à matéria, ela pode ajudar evitando a perda de concentração. Correr ouvindo a matéria é uma maneira de fazer exercícios físicos e, com isso, cuidar da saúde e aprender.

4.3. Revisões e a curva do esquecimento

A partir do aprendizado e enquanto a fixação não chega a um nível mínimo, o passar do tempo resulta em perda dos dados gravados na memória. Imagine o que acontece com anotações tênues a lápis ou com as folhas termogravadas na qual são impressos extratos e comprovantes de pagamento em caixa eletrônico. O tempo vai deixando os registros mais claros, mais claros até se perderem.

Um bom registro de memória, que em regra envolve a prática, funciona como escrever um dado de modo firme e com caneta esferográfica: torna-se indelével, ou seja, não apaga mais. Isso não é difícil desde que se saiba fazer. Assim como se diz que "andar de bicicleta a gente nunca esquece", um estudo bem-feito e com um número de repetições e prática suficientes resulta em conhecimento que a gente nunca mais esquece ou, quando muito, basta fazer uma boa revisão para que tudo venha à cabeça.

Para não esquecer nunca mais alguma coisa, é preciso dar importância a ela, mandá-la para a memória de longo prazo, fazer associações e relações, repeti-la um certo número de vezes até fixá-la bem e, por fim, utilizarmos a informação periodicamente. Pode parecer que é muita coisa para se conseguir o objetivo, mas é fácil e com um pouco de prática você irá acostumar-se a fazer esse processo de modo bem-sucedido.

A melhor forma de lidar com a curva do esquecimento é estudar utilizando as técnicas e fazer revisões periódicas da matéria. Tente rever a matéria, pelo menos, uma vez por mês.

Quando a matéria é muito extensa, com várias disciplinas ou coisa assim, a solução é fazer bons resumos analíticos, ou seja, que permitam uma boa revisão nos pontos essenciais (o que inclui os princípios gerais, os pontos cruciais, as exceções mais importantes e, se possível, exemplos e/ou modelos).

Fazer revisões semanais ou mensais até passar no concurso pode parecer que vai dar mais trabalho, e vai mesmo. Mas é melhor ter mais 20% de trabalho e mais 95% de rendimento do que "economizar" tempo de revisão e perder aprendizado. O que você diria de quem adiciona um pouco de água à gasolina do carro "para economizar uns trocados"? Quer fazer, faça bem-feito. Procure utilizar a informação a ser perenizada com frequência, após o estudo, revise o tema e, em seguida, elabore uma redação. Não economize qualidade no estudo porque quem faz malfeito faz duas vezes.

Dica

Fazer simulados nos cursinhos ou através de provas anteriores do concurso desejado funciona como uma revisão do conteúdo e um teste. O resultado será ainda maior se conferir o resultado e marcar como importantes os pontos nos quais não foi tão bem. O mesmo deve ser feito nas provas, que servem de termômetro para os pontos em que você tem mais dificuldade.

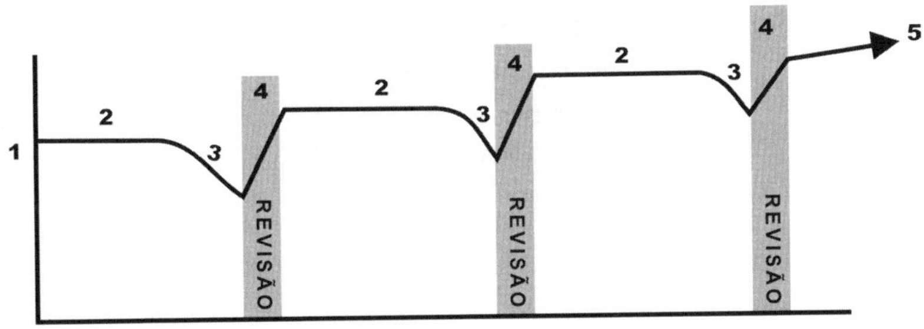

Processo de memorização:

1 – 1º estudo da matéria. Aqui se considera que a pessoa aprendeu razoavelmente.

2 – Período em que a matéria permanece viva na memória.

3 – Período em que, em face do tempo decorrido, a pessoa começa a esquecer o que estudou.

4 – Revisão periódica da matéria.

5 – Momento em que, após determinado número de revisões, a pessoa não esquece mais a matéria.

Observações

a) A cada revisão, a matéria fica mais tempo guardada na memória, tornando-se menor a perda/esquecimento.

b) A cada revisão aumenta o nível de compreensão e domínio da matéria.

c) Quanto mais a pessoa executa (pratica, exercita) a matéria, mais rápida é a fixação e memorização indelével.

"Estudar e não rever não é estudar para valer.
Estudar e rever é estudar para vencer."

CONCLUSÃO

A memória é um poderoso instrumento de trabalho desde que bem utilizada. O uso constante das técnicas irá comprovar que elas se aperfeiçoam tanto quanto são utilizadas. Não desanime nas primeiras tentativas, pois é natural alguma dificuldade inicial. Curta o aprendizado de como usar a memória como se fosse uma brincadeira, um desafio, um jogo proveitoso e instigante. Considere-se um privilegiado por ter um cérebro e uma memória tão espetaculares, que só dependem de ativação e uso racional.

> ***Sempre haverá outra chance***
> ***para sanar os seus erros, inclusive os sérios.***
> ***Fracasso não é cair,***
> ***mas ficar embaixo.***
> Mary Piekford

Capítulo 8

AMBIENTE DE ESTUDO, SAÚDE E ALIMENTAÇÃO

Mens sana in corpore sano.

Você possui **dois ambientes** onde estuda: o interno e o externo.

O **ambiente interno** é você mesmo, sua mente, seu corpo. Ele é o seu primeiro ambiente e você passará toda a sua vida nele. Essa é a razão por que este ambiente deve ser objeto de muito carinho, atenção e cuidado, claro.

Como está sua cabeça? E seus objetivos, sonhos, atitudes? Como vai sua alimentação, ela é regrada e sadia? Como vai o seu corpo, está um "bagaço" ou está legal? Não adianta ter uma linda, silenciosa e confortável biblioteca para estudar se sua saúde não vai bem. Se o ambiente interno está bom, o ambiente externo terá menos influência nos seus resultados. Estando saudável e bem alimentado, qualquer lugar, mesmo que longe do ideal, resultará em um estudo com resultados positivos. Como dizem: mente sã em corpo são.

O ambiente interno é tão importante que "alimentação" é um dos tópicos do título do capítulo, referindo-me não apenas à comida, mas a todo um conjunto de hábitos e cuidados com os quais você vai "alimentar" sua mente e seu corpo.

Temos de alimentar nosso organismo com comida, água, exercícios, oxigênio, autorrespeito. Também devemos manter o ambiente interno concentrado, isto é, com a atenção dirigida àquilo que queremos assimilar.

O ambiente externo refere-se ao local de estudo e às suas condições ideais.

No trato do ambiente externo iremos procurar o silêncio ou a música mais adequada, a posição correta para se estudar, o controle de acontecimentos que atrapalham ou auxiliam a concentração (telefone, internet, visitas, intervalos). Assuntos que tratarei ao longo deste capítulo.

1. CONCENTRAÇÃO

A concentração e a atenção no estudo constituem a chave para o aprendizado e a solidificação dos conhecimentos. Para obtê-las, alguns conselhos são fundamentais, atente para alguns deles que seguirão. Mas não é só. Para ter concentração é preciso outros cuidados, como uma boa administração do tempo.

Dica:

Nunca estude com pressa nem pensando em fazer outra coisa.

2. TELEFONES, PASSEIOS E VISITAS

Para criar um bom ambiente de estudo, às vezes é útil desligar o telefone convencional e/ou celular, fechar portas e janelas – desde que sem prejuízo à iluminação e circulação de ar – e pedir a compreensão dos familiares. Às vezes um "*Não perturbe*" ou um "*Por favor, piedade*" são úteis na porta do local de estudo. Pode-se colocar em prática, também, um cronograma de visitas e passeios para fora de casa ou de parentes e amigos para sua residência. Visitas são ótimas, mas quando não planejadas ou não anunciadas podem dificultar um programa sério de estudo.

Algumas pessoas vão começar a achá-lo antissocial. Outros vão se afastar. Infelizmente, se esse é o preço que terá de pagar para ser aprovado, tenha certeza de que após conquistar seu cargo, sua estabilidade emocional e financeira terá oportunidade para sair, passear, se divertir e ver amigos.

3. EXERCÍCIOS FÍSICOS

Reserve algum tempo para **exercícios físicos**. Eles aumentam a disposição e predispõem o organismo e o cérebro para o aprendizado. A atividade física regrada e contínua também diminui seu cansaço e, por conseguinte, suas horas de estudo, reduz dores no corpo (costas, joelhos, tornozelos...), e aumenta a resistência do corpo para o estudo, uma atividade que também exige preparo físico.

Fazer exercícios vale a pena. Uma hora de exercícios três vezes por semana é o suficiente. Menos não é o bastante; mais, pode ser tempo mal investido.

O exercício físico oxigena o cérebro e combate males que prejudicam o funcionamento do organismo, como a obesidade e pressão alta. Além disso, o exercício físico libera no cérebro um neurotransmissor que funciona como antidepressivo e relaxante natural, a beta-endorfina. O sedentarismo, ou seja, a falta de atividade física é um péssimo parceiro para quem está estudando.

Um dos melhores exercícios físicos é a caminhada. Entre as suas vantagens está o fato de ser bastante segura e evitar riscos de lesões, poder ser praticada por obesos, diabéticos, cardíacos e idosos, dispensar equipamentos e poder ser feita individualmente ou em grupo. O uso de um MP3 player ou mesmo seu celular permite que se faça o exercício e estude ao mesmo tempo através de gravações da matéria, aulas ou conteúdo em áudio[6]. Cuidados importantes: use roupas leves e arejadas e invista em um calçado adequado. O ideal é caminhar uma hora por dia, três vezes por semana, com passo rápido e fazendo **alongamentos** antes e após a caminhada[7]. Se você não dispõe de uma hora para a atividade física, caminhe 30 minutos e transforme ações cotidianas em atividades físicas, escolha as escadas ao invés do elevador, por exemplo.

Ainda melhor do que caminhar ouvindo a matéria é fazê-lo em companhia de seu cônjuge, pai, filho ou outra pessoa próxima. Além de os dois melhorarem o condicionamento físico, é uma excelente oportunidade para colocar a conversa em dia e aumentar a intimidade sem usar um horário voltado ao estudo para isso.

Sempre se consulte com um médico antes de iniciar um programa de exercícios e, regularmente, realize um *check-up* para avaliar seu estado geral de saúde. Não adianta fingir que não há algum problema mais sério. É mais fácil atacá-lo de vez do que ser por ele surpreendido de uma hora para outra, às vezes na véspera da prova. Preocupe-se especialmente com sua pressão arterial, colesterol e glicose.

Para realizar a atividade física, a orientação de um professor de educação física/ *personal trainer* (da academia perto da sua casa, por exemplo) também é uma boa ideia.

Faça exercícios respeitando seu corpo e seus limites, evitando estiramentos ou contusões, que não ajudarão em nada. Por outro lado, quando estiver querendo parar por preguiça, falta de disposição, ou cansaço lembre-se que o exercício é um preço pequeno a se pagar por sua saúde e disposição para o estudo. Importante: não deixe de se hidratar durante a atividade física. Deixe aquela garrafinha de água sempre à mão.

[6] Algumas de nossos textos legais, por exemplo, já possuem versão em áudio. Saiba mais em: <http://williamdouglas.com.br/legislacao-em-audio/>.

[7] Disponibilizo uma série de alongamentos para iniciantes em meu site: <http://williamdouglas.com.br/alongamentos/>.

O ganho que o exercício traz para você vale três vezes o tempo gasto no exercício.

> ***Se você não tomar conta do seu corpo, onde você vai viver?***
> Peggy Ayala

4. SAÚDE E SONO

Verifique sua saúde. Problemas com os dentes, audição e visão são fatores que prejudicam os estudantes e candidatos. Não perca rendimento por causa deles. Não dê espaço para vaidades tolas, como aquelas que impedem o uso de um aparelho de audição ou um belo par de óculos. E vá ao médico! Como já disse anteriormente, conheça seu estado geral de saúde.

Existem pessoas que preferem continuar a beber, fumar, ingerir alimentos que prejudicam sua saúde em vez de manter uma vida mais saudável. Parece-me que é melhor diminuir um pouco os prazeres imediatos e aumentar o tempo e a qualidade de vida. No caso dos alimentos, você até pode ingerir gordura, doces, mas desde que em quantidades moderadas e mantendo um programa de exercícios físicos. Uma boa dieta e exercícios, devidamente acompanhados por profissionais habilitados, permitirão uma vida melhor e mais longa, o que compensa sobejamente na relação custo/benefício.

Nota: Sobre exercício físico e saúde, conheça o WDPTS (*William Douglas Personal Training System*), disponível gratuitamente em meu site <http://www.williamdouglas.com.br>.

O uso de drogas, sejam elas lícitas ou ilícitas, como álcool, tabaco, cocaína, crack, maconha e anfetaminas compromete seu desenvolvimento/rendimento físico e mental. Em termos de prejuízos para o cérebro, não existem as chamadas "drogas leves". Deixar-se levar pela pressão da moda ou das más companhias e consumir drogas é extremamente prejudicial ao desempenho e ao aprendizado. Em seu próprio benefício, o ideal é que a pessoa não ingira, fume ou cheire o que, na prática, não passa de veneno. Tampouco existem "drogas" que aumentam sua capacidade de aprendizado. Isso vem com a prática. Qualquer medicamento só deve ser utilizado quando recomendado e prescrito por um médico, após avaliação cautelosa e na dosagem correta. Do contrário, pode ser extremamente prejudicial não só ao seu estudo, mas à sua vida. Existem diversos grupos e instituições que ajudam as pessoas que querem livrar-se de vícios. Se precisar, recorra a algum deles sem medo ou vergonha. Ninguém vai julgá-lo por querer melhorar! Pedir ajuda nunca pode ser um motivo para constrangimento.

Como já dissemos antes, dormir é uma necessidade fisiológica, não há como não fazê-lo. Mais que isso, ao dormir você se recupera física e mentalmente e a memorização é sedimentada. Por isso, é preciso dormir um mínimo de horas, que varia de pessoa para pessoa. O sono regular ajuda a reequilibrar suas funções e aumentar seu rendimento.

Para dormir bem, esqueça dos problemas ao ir para a cama. O melhor para enfrentar os "leões" é estar descansado. Faça exercícios físicos, organize seus horários e crie um equilíbrio razoável entre estudo/trabalho e lazer.

5. ALIMENTAÇÃO

Experimente adquirir um BMW, um Audi ou uma Mercedes e não pôr neles combustível ou, ao invés disso, colocar refrigerante no tanque. Isso é o que muitos fazem com o próprio organismo, negando-lhe uma alimentação adequada. A alimentação balanceada é indispensável para fornecer ao corpo e ao cérebro as substâncias que eles precisam para fazer a "máquina" funcionar.

Além da má alimentação, alguns candidatos se utilizam de medicamentos na tentativa de aumentar a memória e a concentração, eliminar o estresse etc. Com a natureza não se brinca: excesso de vitaminas é tão ruim quanto a falta delas e depender física ou psiquicamente de medicamentos, muitos dos quais têm contraindicações e efeitos colaterais, é extremamente maléfico no médio-longo prazo.

SOLUÇÕES:

a) Medicamentos, principalmente alopáticos, só devem ser tomados mediante acompanhamento médico.

b) Mantenha seu fornecimento de substâncias através de alimentos naturais e combata o estresse com atividade física.

c) Para fazer uma dieta balanceada ou qualquer complementação vitamínica, consulte um especialista.

Massas. Elas são necessárias, pois fornecem carboidratos, mas não use isso como desculpa para "arrebentar" com sua dieta. O essencial é o equilíbrio e não eliminar grupos alimentares ou se limitar a algum deles. **Ovos**. Cuidado com o colesterol. Evite consumo exagerado. **Dietas**. Se você está fazendo uma dieta que elimina completamente algum dos grupos de alimentos, procure uma dieta mais equilibrada. Eventual consumo de alimentos ricos em calorias deverá ser compensado com exercícios físicos. A combinação fará muito bem. **Água**. A água é indispensável para o bom funcionamento do

organismo e para evitar diversos males à saúde. Também é ótima para quem quer emagrecer. Beba pelo menos dois litros de água por dia. Controle se a quantidade de água está sendo boa através da cor da sua urina. O ideal é um amarelo bem claro, se estiver escura você precisa ingerir mais água, se estiver clara demais - totalmente translúcida, por exemplo - reduzir um pouco a ingestão. Qualquer extremo, consulte um médico. Evite qualquer excesso, principalmente o de comidas gordurosas e frituras.

Quantidade de comida. Evite aquelas refeições enormes que dão a sensação de que a barriga vai explodir, sono, azia. Faça refeições menores em quantidade, maiores em qualidade e mais frequentes. O ideal é se alimentar de três em três horas, sendo, nos intervalos, ingerida uma fruta ou algum cereal de baixa caloria. Não se abarrote de comida, afinal, você não vive para comer, mas come para viver.

Estudo após as refeições. Existem pessoas que não se sentem bem ao estudar após as refeições. Se for esse o seu caso, utilize esse período (cerca de 30 minutos) para outras tarefas, entre as quais a atenção aos familiares, ler algo mais leve, assistir seu programa favorito ou às notícias, atualizar sua *timeline*. No mais das vezes o "passar mal" é apenas falta de costume. Tente ver se é o seu caso. Sempre estudei depois das refeições e nunca passei mal. Algumas pessoas gostam de dormir após o almoço. Particularmente, acho que isso deixa o dia um pouco menos produtivo pois você acaba ficando cansado. Se é o seu caso, evite a soneca, faça uma caminhada leve.

6. DIFICULDADES "GEOGRÁFICAS"

Morar longe é um problema para muitas pessoas. Se não for possível alugar ou acertar uma morada ou trabalho mais perto, aprenda a estudar durante a locomoção, através de resumos, gravações, recordação mental e até mesmo leitura. Andar de ônibus pode ser melhor para o concurseiro que dirigir.

7. SILÊNCIO

Quanto mais tranquilo o local destinado ao estudo, melhor. Pode ser sua casa, escritório ou até uma biblioteca. Quanto menor o número de pessoas, melhor. Um local com muitos atrativos, bate-papo, efervescência social, em geral não se prestará para o estudo.

Se você estuda em casa e convive com muito barulho: a) tente conversar com os familiares, ou as pessoas que moram com você, sobre o problema; b) mude o horário de estudo, estude de madrugada, se preciso; c) treine sua concentração para aprender a estudar mesmo com barulho (no meu caso, foi a solução); d) tampe os ouvidos ou ouça música para abafá-lo ou e) em último caso, passe a estudar em uma biblioteca pública, de alguma instituição ou de seu curso, colégio ou faculdade. Se optar por mudar o turno do seu estudo, lembre-se que isso pode significar ter de dormir com o barulho. Avalie a opção com cautela.

No meu caso, tive de me adaptar a um contínuo barulho dentro de casa, pois puxamos à nossa ascendência italiana: na minha casa todo mundo fala alto e o tempo todo. Pela necessidade, consegui criar uma concentração que permitia estudar com o barulho. Se não conseguisse me adaptar a ele, como ocorre com alguns, partiria para uma biblioteca ou coisa semelhante. Dê um jeito. O importante é que não deixe o silêncio, ou a falta dele, prejudicar seu estudo.

8. LOCAL DE ESTUDO

Locais muito confortáveis (camas, sofás) são um convite a outros prazeres que não o estudo.

Providencie uma mesa com cadeira ergonômica, boa iluminação e espaço suficiente para os livros que for utilizar.

Sendo possível, é bom haver um quadro para anotações ou para se dar aulas imaginárias.

> "Música, fotos dos entes queridos e outros atrativos podem ser prejudiciais ou benéficos."

Há quem veja uma foto e "viaje" ao invés de estudar e já vi também quem estudava com muito mais afinco vendo uma foto do carro, casa ou aliança que pretende comprar com os futuros vencimentos...

O próprio ser amado, em pessoa, ao lado, no mais das vezes atrapalha a concentração. O ideal é que na hora do estudo ele não esteja tão longe que dê saudade, nem tão perto que dê vontade... e o faça perder a concentração.

A temperatura do local também deve ser agradável: nem muito frio nem muito quente. Se possível, ar-condicionado, se não, ventilador. Agasalhos, a depender do local, ajudam. Além de ajudarem a obter a temperatura mais agradável, as vestes e calçados respondem por um grau maior ou menor de conforto. Não estude com trajes desconfortáveis. Tampouco fique confortável demais, pode ser um convite ao sono.

O local deve ser arejado e amplo o suficiente, pois poucos gostam de ficar em ambientes apertados. Cuidado também com as janelas e o monte de distrações que elas apresentam. Se possível, mantenha-as fechadas.

9. POSIÇÃO DE ESTUDO

Quanto mais deitado, mais vai dormir e menos estudar. Estude sentado, de modo a não prejudicar sua coluna. Coloque o livro em um ângulo de 30 ou 45 graus na mesa, a fim de não forçar seu pescoço para baixo[8]. O mesmo vale para a tela do computador/laptop, tablet, celular... Para colocar o livro na posição ideal, utilize outro livro ou objeto, colocando-o embaixo do que está lendo. É possível comprar bases para livros (iguais àquelas em que se colocam livros religiosos abertos em mesas ou estantes, atril) que também servem para tablets e celulares.

Evite deixar os pés e as pernas dobrados por muito tempo, pois isso causará problema de circulação e dormência. Coloque seus pés sobre algum objeto que permita o seu movimento para frente e para trás, levando a uma boa circulação sanguínea e evitando inchaço e/ou edemas. Existem também bases para sustentação dos pés. Evite ficar muitas horas sentado, isso pode prejudicar muito sua circulação e não faça "pernas de chinês" ou uma perna em baixo da outra. Isso sim é extremamente prejudicial. Os intervalos no estudo ajudarão a evitar dormência e dores. Para isso, movimente-se durante o intervalo.

Use **cadeiras** com regulagem de altura para manter o seu cotovelo no mesmo nível da mesa. Não se deve ficar encurvado sobre a mesa ou tendo que se pendurar nela. Sente-se com o tronco ligeiramente inclinado para frente a fim de evitar dores nas costas e controlar melhor sua postura.

[8] Sobre postura, publiquei recentemente um vídeo interessante em meu site: <http://williamdouglas.com.br/postura/>.

Veja os quadros com noções de ergonomia.

10. MATERIAL DE ESTUDO

Ao sentar-se para estudar tenha à mão tudo o que vai necessitar: papel, caneta, lápis, livros, códigos, apostilas etc. Não deixe algum material na prateleira, pois ou vai perder tempo para pegá-lo (ou não volta) ou, como é a regra, por preguiça vai acabar não o consultando. Há quem goste de uma garrafa de água e um copo, ou um pacote de biscoitos/fruta/barra de cereal. Você é quem sabe, mas cuidado com a alimentação.

Assim como se deve ter em mãos o material útil, elimine (coloque longe) o material inútil. Uma mesa desorganizada prejudica a "organização" do cérebro e a concentração. Muitas canetas e muitos lápis acabam desviando a atenção.

11. HORÁRIO E NÚMERO DE HORAS

Descubra se você rende mais pela manhã, tarde, noite ou, como alguns, de madrugada. O número de horas deve ser estabelecido dentro de suas possibilidades: o máximo possível, respeitada a higiene mental. Não existe um número de horas "certo" para estudar, estude o máximo que puder, com qualidade no estudo e sempre meça seu rendimento.[9]

12. INTERVALOS

A realização de intervalos é uma forma de manter sadio o ambiente interno. Os intervalos são importantes porque recuperam a capacidade de assimilar os conhecimentos. Uma pausa dosada é um fator de otimização do aprendizado.

O intervalo serve para melhorar o rendimento no estudo e na realização das provas. Aqui falarei do intervalo no estudo.

Veja qual a melhor forma para o seu intervalo, pois cada um tem sua individualidade e seus próprios limites. Há quem prefira uma hora de estudo por 15 minutos de intervalo, ou 50 minutos de estudo por 10 de intervalo. Essa relação não é fixa. Veja em qual se enquadra melhor.

Eu prefiro ir direto até sentir uma baixa de rendimento. Nesse momento, faço uma reconcentração e vejo se consigo recuperar o pique. Quando o rendimento cai de novo, estudo mais uns cinco minutos para forçar o organismo e o cérebro a aumentar progressivamente seu esforço. Aí, faço uma pausa de 10 a 15 minutos.

Depois de três ou quatro horas seguidas ou com intervalos pequenos é válido descansar uma meia hora, que pode ser aproveitada para uma refeição, banho ou algo mais criativo. O mais importante é você se observar e ver o melhor modo para relaxar. Na época do vestibular eu relaxava lendo, por alguns minutos, revistas em quadrinhos, mas conheço quem prefira um café, uma música ou uma corrida ao redor do quarteirão seguida de uma ducha com água fria (que eu, particularmente, não suporto).

A importância do intervalo decorre do fato de que após um certo período de estudo contínuo passa a haver uma queda na curva do aproveitamento. Logo que começa a estudar seu cérebro vai "aquecendo", você vai se concentrando e chega a um estágio ideal de rendimento. Depois de ficar nesse estágio por certo tempo a tendência é começar a ocorrer uma queda lenta e contínua. Os intervalos servem para que "quebre" esse ciclo de baixa. Com alguns minutos de relaxamento será capaz de voltar para um bom nível de captação da matéria.

---

[9] Sobre seu perfil de rendimento e mais dicas sobre otimização do tempo, consulte meu livro em coautoria com Alberto Dell'Isola, ***Administração do Tempo***. Confira em: bit.ly/admdotempowilliamdouglas

É importante também se acostumar a ir ao banheiro ou pegar algo para comer/ beber antes ou depois do estudo ou nos intervalos. Se faz intervalo de hora em hora dá para esperar para fazer essas coisas e, agindo assim, disciplinar seu organismo. Como disse anteriormente, mantenha uma garrafa de água sempre à mão.

Antes de estudar acalme-se e concentre-se, de modo a começar o estudo com um bom nível de captação e concentração.

Não se limite dizendo que "*após uma hora eu não aprendo mais nada*", pois isso é uma programação negativa. Procure, ao sentir o rendimento cair, "forçar" um pouquinho para aumentar a resistência ou então faça o intervalo. A programação errada fará com que todas as horas de estudo, após algum tempo, lhe tragam essa sensação de queda de rendimento.

Ao fazer intervalos, estique seu corpo ou faça algum exercício para mexer outros músculos, prevenindo dores, dormência ou, no caso de copiar matéria ou digitar, para evitar as LER (Lesões por Esforços Repetitivos).

Quando a situação não permitir um intervalo, como uma prova, aula mais longa ou seminário, realize movimentos de alongamento e relaxamento.

Ao fazer intervalos é possível utilizar técnicas de relaxamento. O simples fato de alterar a atividade, de dar uma "paradinha", de tomar um suco ou um café, ou esticar o corpo já exerce um bom efeito sobre o moral e a disposição para retomar o estudo.

A IMPORTÂNCIA DOS INTERVALOS

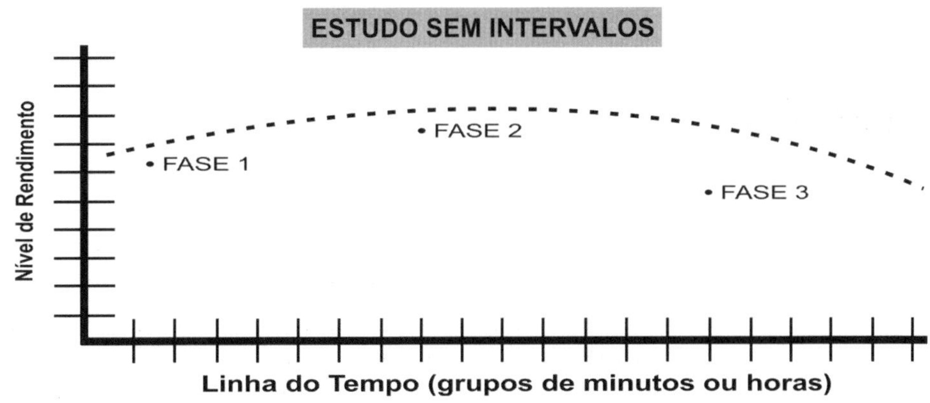

- Fase 1 – Período de "aquecimento". Se a pessoa se concentra ao começar, essa fase é superada mais rápido
- Fase 2 – Período de rendimento normal, bom ou ótimo

- Fase 3 – Período de perda progressiva de rendimento (cansaço). No início deste ciclo a perda é pequena e vai se agravando caso a pessoa não faça um intervalo
- Fase 4 – O estudante "força" um pouco para aumentar sua resistência física e mental
- Fase 5 – O intervalo repõe as forças e diminui o cansaço
- Fase 6 – Após o intervalo o aluno revê rapidamente o que já estudou, o que fixa a matéria e aumenta a concentração que já começa acima da Fase 1. Equivale a um novo aquecimento, um pouco mais evoluído, já que envolve revisão do que foi visto antes do intervalo
- Fase 7 – Após um novo período de estudo faz-se um novo intervalo

13. MATÉRIAS

Prefiro estudar uma ou duas matérias por dia, organizando a grade por semana. Outros preferem estudar um número maior de matérias por dia, dando a cada uma um número menor de horas ou minutos. Em qualquer caso, faça revisões periódicas e procure ter contato rotineiro com a matéria da prova.

Isso também deve ser decidido através da observação pessoal. A única coisa inadmissível é que ao estudar uma matéria você se preocupe por não estar estudando a outra. Após fazer sua grade horária, estude cada matéria em sua hora: não deixe que uma atrapalhe a outra. Se você pensar em duas ao mesmo tempo, não aprenderá nenhuma.

Isto não se confunde com algo extremamente útil: ao estudar uma matéria, relacione-a com as outras. No primeiro caso, errado, a pessoa sente-se culpada e desespera-se por causa de uma outra matéria; no segundo, correto, ao estudar uma, ela vê as aplicações do conhecimento em outros campos da sua área de atuação e estudo.

Sempre coloque as matérias nas quais ainda se sente mais fraco no horário mais produtivo, aquele em que está mais descansado ou pode se concentrar melhor.

14. MÚSICA

O cérebro é capaz de captar diversas informações ao mesmo tempo. A partir daí, ele irá "filtrar" aquela grande gama de sensações externas, escolhendo quais irá processar e quais irá desprezar. A concentração é uma das formas de "determinar" ao cérebro que aquela sensação, à qual prestamos atenção, deve ser "arquivada". Desgostar de uma matéria, pessoa ou assunto faz com que o cérebro "jogue no lixo" as sensações a eles relativas.

Ocorre que quando alguém ouve música com letra, o faz porque gosta da música e da letra. Se você estuda com alguma música, certamente seu cérebro irá fazer a filtragem com base no prazer auferido. Isso significa que sempre que estudar ouvindo música estará estudando a letra da música, e não a matéria. Por essa razão, não estude com música.

A única exceção admitida e positiva é estudar ouvindo música erudita (clássica) ou instrumental. Vários estudos demonstram que a música erudita facilita a atividade cerebral e que até mesmo as plantas reagem positivamente a ela. Quando ouve uma música de que gosta e conhece, fatalmente vai querer acompanhá-la e isso acabará prejudicando sua concentração.

Estude em silêncio ou com música erudita/instrumental (recomendo Vivaldi, Bach e Mozart, por exemplo). Para ouvir os demais gêneros de música de seu agrado utilize os momentos de descanso ou lazer.

15. AMBIENTE EM OUTROS LOCAIS DE ESTUDO (CURSOS, BIBLIOTECAS ETC.)

As dicas aqui referidas servem também para outros locais de estudo. A sala de aula também merece atenção. Evite ficar muito na frente ou muito atrás na sala. Na frente se perde parte do controle do ambiente, e atrás, a atenção, sendo o local predileto dos que não querem muito "papo" com a matéria. Fique em posição adequada, propugne uma boa iluminação e, se houver sombra ou pouca claridade, peça ao responsável pelo local para dar uma solução para o problema. Leve em conta ventiladores e ar-condicionado para a escolha do seu local de estudo na sala.

CONCLUSÃO

A busca contínua da criação de um ambiente interno (seu corpo e cérebro) e externo (circunstâncias, local, silêncio) de estudo resultará em um aumento de produtividade. Não se estresse com a grande quantidade de cuidados que se recomenda, pois pouco a pouco conseguirá ir criando o seu sistema de estudo e a melhor relação entre as condições ideais e as possíveis. A maior parte desses cuidados não é difícil de se obter e vai acontecendo aos poucos.

Alguns pensamentos úteis são:

1) "Eu não tenho ídolos. Tenho admiração por trabalho, dedicação e competência." (Ayrton Senna)
2) "Sem equilíbrio e harmonia não pode haver formação de batalha." (Sun Tzu, em *A arte da guerra*)
3) "Se conhecermos o inimigo e a nós mesmos, não precisamos temer o resultado de uma centena de combates. Se nos conhecemos, mas não ao inimigo, para cada vitória sofreremos uma derrota. Se não nos conhecemos nem ao inimigo, sucumbiremos em todas as batalhas." (Sun Tzu, em *A arte da guerra*)
4) "Um grande candidato não é arrastado para o estudo ou a prova, ao contrário, sabe impor a si mesmo a disciplina e a realização do que precisa ser feito." (Wun Dzu, em *A arte da guerra para concursos*)

Capítulo 9

TEMPO DE ESTUDO

> Ensina-nos a contar os nossos dias de tal maneira que alcancemos corações sábios.
>
> Salmo 90:12

1. ADMINISTRAÇÃO DO TEMPO E TEMPO DE ESTUDO: INDIVIDUALIZAÇÃO E QUALIDADE

O tempo de estudo não é uma parte isolada de nossa vida, mas uma parcela do tempo em interação com as demais atividades. Para se ter um bom horário de estudo é preciso harmonização, pois ninguém pode apenas estudar. É preciso cuidar da administração do tempo, o que envolve vários fatores, entre os quais reluzem a responsabilidade com os objetivos e a flexibilidade para adaptar o que for possível e para se adaptar às circunstâncias.

A administração do tempo abrange **todas as nossas atividades** e o tempo que despendemos em sua realização, algo tão grave e sério que às vezes nos causa certa angústia. A Bíblia, em muitas passagens, fala a respeito da administração do tempo. Em Efésios 5:16 fala em agir *remindo o tempo, porque os dias são maus,* sendo que uma tradução mais recente utiliza os termos *usando bem cada oportunidade.*

Se administrar o tempo é algo assim tão valioso, é óbvio que **administrar o tempo de estudo** também o é. Seja porque o estudo ajuda a vencer em nossa vida, seja porque nosso tempo é limitado e, portanto, devemos saber dividi-lo harmoniosamente, o fato é que, se não for bem administrado, simplesmente não basta.

Procurando o ideal. A ideia normal de quem está estudando é a de saber qual o número ideal de horas de estudo para se alcançar sucesso. É por essa razão que uma das perguntas que mais ouço é: "Quantas horas você estudava por dia?" Mas essa não é a melhor.

O importante é o seu horário e como você o organiza. Perguntar quantas horas outra pessoa estudava não tem utilidade porque ninguém tem sua vida igual à de outrem: uns trabalham, outros não; uns vão à igreja, outros não; uns são solteiros, outros casados, uns têm filhos. O que adianta saber é quantas horas você estuda, ou, mais, quantas pode estudar por dia ou por semana.

O certo seria perguntar, primeiro, **como** estudar e, depois, quantas horas você pode aproveitar para estudar de acordo com sua disponibilidade. O **número ideal de horas para se estudar** é: o maior número de horas que você puder, mantida a qualidade de vida e do estudo. Esse é o número que você deve perseguir.

Quantidade x Qualidade do Estudo. Como tudo na vida, importa mais a qualidade do que a quantidade. Há quem estude 12 horas por dia e seu resultado prático seja inferior ao de outro que estuda apenas uma hora por dia. Por quê? Muitos fatores podem influenciar em seu estudo, como concentração, metodologia, ambiente de estudo. Mesmo assim, os estudantes e candidatos preocupam-se apenas com "quantas horas" e quase não se vê a preocupação com o "como" se estuda ou com o que está se aprendendo, afinal, do estudo. Quem se preocupa apenas com "quantas" horas se estuda esquece do desperdício de tempo de estudo por causa de sua baixa qualidade.

> "Aquele que semeia pouco, pouco também ceifará; e aquele que semeia em abundância, em abundância também ceifará."

Uma das vantagens de estudar para um concurso é que até passar você sacrifica uma considerável parte do seu tempo, mas após sua aprovação pode refazer seu horário do jeito que preferir e aproveitar todo o tempo fora do trabalho para fazer o que gosta. Pode até voltar a fazer o que fazia, só que com sua vida profissional resolvida, já curtindo o seu sucesso e, é claro, com mais *status* e dinheiro no bolso.

Uma hora de estudo com qualidade vale mais do que cinco horas de estudo sem qualidade. Contudo, cinco horas de estudo com qualidade valem mais do que uma hora de estudo com qualidade. Assim, você deve reservar o maior tempo possível para estudo, apenas com o cuidado de separar tempo para descansar, relaxar etc.

O resultado da soma da quantidade com a qualidade pode ser expresso pelo que se lê em II Coríntios 9:6: "Aquele que semeia pouco, pouco também ceifará; e aquele que semeia em abundância, em abundância também ceifará".

Não adianta fazer nada malfeito, pois "quem faz malfeito tem que fazer duas vezes."

Em geral, o aluno pensa que atividades essenciais significam "perder tempo" e que "ganhar tempo" é estudar o tempo todo. Saber estudar é muito mais do que definir horas de estudo. É definir a qualidade do estudo e o equilíbrio adequado entre as atividades de estudo, lazer, descanso, trabalho etc.

2. FÓRMULA DO TEMPO REAL DE ESTUDO

Para demonstrar a importância da qualidade e facilitar ao aluno a identificação e seu real tempo de estudo, desenvolvi uma fórmula simples, mas que indica se alguém está ou não desperdiçando tempo. Tempo, além de valer dinheiro, é algo que depois de gasto não volta mais. Eis a fórmula:

TRE = THE x NC x QE

Onde,

TRE – Tempo real de estudo

THE – Tempo horário de estudo (medido em minutos ou horas)

NC – Nível de concentração

QE – Qualidade do estudo

Em suma, só é possível definir quanto tempo uma pessoa estudou se multiplicarmos o tempo de estudo em minutos ou horas pelo nível de concentração e pela qualidade do estudo que, infelizmente não é medido em minutos ou horas.

É correto dizer que o nível de concentração – NC está contido no conjunto de características da qualidade de estudo – QE. Coloquei o NC em separado para frisar o seu valor.

Apliquemos a fórmula THE x NC x QE = Tempo real de estudo em alguns casos hipotéticos:

> "'Estudar muito' não é uma questão de número de horas, mas de número de horas realmente aproveitadas."

A noção de TRE é mais importante do que a de THE, portanto, repita esta pergunda: **Quantas horas reais eu estou estudando?**	THE	NC	QE	TRE
	THE = O tempo no qual a pessoa ficou estudando é medido em minutos ou horas.	**NC = Atenção dedicada pela pessoa ao estudo. Para efeito de cálculo, admitiremos uma variação de 0 a 2. Consideramos como "1" a concentração normal, "0" nenhuma e "2" a concentração excelente.**	**QE = Resultado do conjunto de técnicas e atitudes de otimização do estudo. Para cálculo, varia de 0 a 2.**	**TRE = A quantidade de horas ou minutos que, pode-se dizer, alguém tenha realmente estudado. Esse valor é o resultado da fórmula.**
Aluno A: "A" possui apenas uma hora por dia para estudar. Nesse período, já curto, deixa de ter atenção e qualidade.	1 hora: Tempo este cronometrado com um relógio. É o que chamo de "tempo horário".	0,5. Exemplo de casos em que o rendimento cai: pensar em outra matéria, na namorada, na praia, não prestar atenção (acuidade) etc. (1 hora X 0,5 = 30 minutos)	0,5: O rendimento cai se a qualidade é baixa. Por exemplo, leitura deficiente, falta de associações, iluminação ruim etc. (30 minutos X 0,5 = 15 minutos)	15 minutos: Com pouco tempo de estudo e com pouca qualidade e concentração, vê-se que "A" praticamente não estudou.
Aluno B: Embora também tenha pouco tempo, "B" estuda com níveis razoáveis de concentração e qualidade.	1 hora: Aqui estamos lidando apenas com o tempo cronometrado em relógio.	1: Aqui estamos considerando um nível razoável de concentração.	1: Iremos considerar um nível razoável de qualidade, ou seja, um uso razoável das técnicas.	1 hora: Com concentração e qualidade em níveis razoáveis "B" igualou o TRE ao THE. Ele realmente estudou uma hora e não desperdiçou o seu tempo.
Aluno C: "C" dispõe de um tempo maior para estudar. Mas, como veremos, isso não significa que ele vai estudar mais do que "B".	3 horas: Mais uma vez, lembre-se que aqui estamos olhando apenas o relógio.	0,5: Assim como "A", este aluno não se concentra o suficiente na matéria. Talvez por achar que, como tem mais tempo para estudar, pode dar-se a este luxo (ao invés de aproveitar a oportunidade para estudar mais).	0,5: Mais uma vez, está havendo falta de qualidade. Assim, a quantidade de matéria apreendida e fixada (memorizada) será menor.	45 minutos: "C" estudou um número razoável de horas, mas se tivesse estudado apenas uma hora com qualidade e atenção, teria aprendido mais do que em apenas 45 minutos reais. Ele não estudou três horas, mas apenas pequena parte disso.
Aluno D: "D" é aquele aluno que o pai banca, que tem uma boa herança e que só senta para estudar contra sua própria vontade.	5 horas: É até injusto dizer que "D" estudou 5 horas, pois o fez obrigado por seu pai ou por alguém. Tecnicamente, porém, esteve estudando 5 horas.	0 (zero): Sim, é possível ter zero de concentração. Quantas vezes você parou de ler um livro e leu de novo várias páginas até chegar a um ponto em que se lembrou já ter lido? A concentração estava em zero.	0 (zero): Há quem tire zero em qualidade. Basta, p. ex.: ser alguém que não gosta da matéria ou que está estudando obrigado por terceiros ou pelas circunstâncias, como para fugir do desemprego.	0 horas: É possível estudar cinco horas e não aprender nada. Vou mais além, há pessoas que passam um ano ou semestre dentro de uma sala, quatro horas por semana, e ao final não aprendem uma única vírgula. Culpa do professor e/ou culpa do aluno.
Aluno E: "E" tem bem menos tempo para estudar que "D", mas aproveita o tempo que tem. "E" pode ter que trabalhar ou ter quem o sustente. "E" é responsável com seu objetivo.	1 hora: Considerando o "tempo horário", "E" estudou o mesmo que "A" e "B" e menos que "C" e "D". O que se aproveitou, porém, é medido pelo TRE.	2: Através de treino e vontade de aprender, "E" consegue aproveitar ao máximo o tempo, pois sua concentração otimiza a captação e o aprendizado. Assim, a concentração dobra o aproveitamento do tempo.	2: "E" aprendeu a amar cada matéria estudada. Ao ler, faz uso de leitura otimizada, toma anotações de modo adequado, utiliza as técnicas de estudo e memorização etc.	4 horas: Embora isso possa parecer impossível, "E" conseguiu estudar e aprender muito mais do que seu THE pode indicar. Alguns poderão dizer que ele é inteligente ou tem o QI alto. "E" é inteligente sim, mas porque sabe aproveitar ao máximo seu tempo de estudo.

3. FALTA DE TEMPO E DICAS DE ESTUDO

Muitas pessoas dizem que não têm tempo para estudar, mas desperdiçam oportunidades preciosas para fazê-lo.

3.1 A falta de tempo tem três motivos básicos:

1 – FALTA DE PRIORIDADE

Ou seja, de compromisso com o objetivo, ou do próprio objetivo. A pessoa tem interesse em estudar, mas esse interesse é menor do que o de passear, curtir, descansar, dormir, jogar futebol etc.

2 – FALTA DE ORGANIZAÇÃO

E de sua melhor ajudante, a autodisciplina. A pessoa quer estudar, mas não prioriza suas atividades ou organiza um horário e não o cumpre. Aqui se inclui também o desperdício de tempo.

3 – MULTIPLICIDADE DE RESPONSABILIDADES

Algumas vezes, a pessoa tem múltiplas e indeclináveis responsabilidades, como trabalho, filhos, pessoas doentes na família etc.

Os dois primeiros casos são de fácil solução: ou você desiste de seu objetivo ou o leva a sério. Se é pra valer, então organize e cumpra seu programa de estudo. O terceiro caso é mais complicado, pois reflete dificuldades cuja solução não depende apenas de você. Aqui, é preciso capacidade de adaptação, bastante diálogo e um pouco de paciência.

Tão importante quanto "achar" tempo de estudo nas atividades diárias é querer achar tempo. Existem pessoas que querem abraçar o mundo, esquecendo-se que a multiplicidade de objetivos dificulta que eles sejam alcançados. É preciso fazer opções. Se você não consegue achar tempo para estudar, é porque talvez não queira realmente ser aprovado; se quer, então ache tempo.

Um bom exemplo dessa necessária opção está no Evangelho de Mateus, quando Jesus fala na opção entre servi-Lo ou não, mas que serve para quem quer fazer concurso sem se dispor a sacrificar algo, ao menos temporariamente: "*E, se teu olho te fizer tropeçar, arranca-o, e lança-o de ti; melhor te é entrar na vida com um só olho, do que tendo dois olhos, ser lançado no inferno de fogo*" (Mateus 18:9).

Parafraseando Cristo:

> "Se alguma atividade atrapalha o teu estudo, arranca-a e lança-a longe de ti, pois é melhor passar no concurso sem ela do que, com ela, não passar no concurso."

3.2 Flexibilidade no horário

A flexibilidade é a maior virtude de um horário de estudo, desde que combinada com responsabilidade. Se no horário de estudar você está com sono, durma um pouco e volte a estudar depois, mais recuperado e atento. É melhor dormir por uma hora e estudar por uma hora do que passar duas horas babando em cima do livro... Mas se esse sono for recorrente e sempre na hora do estudo, vale dar uma volta, tomar um café, um chá, ou mesmo lavar o rosto e voltar ao estudo. Esse sono pode ser um sinal de procrastinação. Se perceber que o sono é exagerado, pode ser que tenha algum distúrbio de sono ou que seja sintoma de algo no seu organismo. Nesse caso, consulte um médico.

Se o horário é de estudo e um amigo precisa conversar sobre um problema sério, ou se é aniversário da namorada ou da esposa, ou se seu pai pede seu auxílio, largue o livro e atenda a sua família; se é horário de estudo, mas sua turma lhe convida para ver um filme que vai passar na TV e que é superlegal, vá ver o filme e depois compense estas horas nas programadas para o lazer.

Há horas em que devemos dizer não a parentes, amigos e ao cansaço, mas há horas em que devemos flexibilizar nosso horário. Afinal, o patrão somos nós, o horário é que é o empregado. E deixar de ir para ficar pensando em "como seria se..." é ainda pior que não ir.

Entendeu o princípio da coisa? É preciso equilibrar uma vida saudável com o esforço sincero em busca do aprendizado. Quem não faz nada senão estudar não aguenta muito tempo estudando e quem nunca consegue tempo para estudar está precisando rever seus objetivos e a seriedade com que os trata.

Aumente sua resistência. A atividade física de ficar sentado estudando exige tanto condicionamento quanto a atividade atlética. Não é fácil disciplinar o próprio corpo para resistir a horas e horas estudando. Se você não está acostumado, dificilmente conseguirá ficar cinco horas seguidas sentado.

O que fazer? Insista. No primeiro dia você ficará uma hora, no segundo uma hora e quinze minutos, até conseguir seu intento. Sempre faça uma flexão de braço a mais, corra mais alguns metros e estude mais alguns minutos: só assim você forçará o crescimento de sua resistência. Como já é dito há muito, um longo caminho se inicia com um primeiro passo.

Pausas/intervalos. Não se esqueça de dar uma "paradinha" de vez em quando, para ouvir uma música, tomar um café ou algo parecido. Isto não prejudica o estudo, ao contrário, auxilia e faz o rendimento médio subir. O ideal é que você faça períodos de hora ou hora e meia seguidos por 10 a 15 minutos de relaxamento.

Os intervalos constituem um valioso e indispensável instrumento em qualquer atividade um pouco mais prolongada. Trataremos deles mais acuradamente ao discorrer sobre o ambiente (interno e externo) de estudo.

Dois **cuidados**, porém:

1) **Sempre que for recomeçar, concentre-se. É interessante rever rapidamente os tópicos já estudados, pois isso facilita a memorização e a fixação e;**
2) **Recomece, pois há aqueles que param para tomar um cafezinho e não voltam mais.**

4. COMO FAZER SEU PLANEJAMENTO DO TEMPO

O planejamento anda lado a lado com o sucesso. Para você utilizar bem o seu tempo, deve haver um planejamento de passos e etapas, um método. Crie, o mais rápido possível, um quadro daquilo que precisa estudar e de quanto tempo irá dedicar para cada disciplina. Utilize a Técnica do AEIOU:

Técnica **AEIOU**		
	A	UTODISCIPLINA
	E	
H	**I**	GIENE
	O	RGANIZAÇÃO
	U	TILIDADE

A autodisciplina já foi abordada, portanto, mude sua postura e passe a segui-la.

Higiene é muito mais do que tomar banho, escovar os dentes, cortar as unhas etc. Higiene significa manter um nível razoável no plano físico e mental. Isto inclui a atividade física, o lazer e o serviço social. Também significa cortar da sua vida o que pode ser cortado e eliminar os excessos. Estudar não significa alijar-se do convívio social, portanto, nada de entrar na caverna.

Organização vai além de ter "um lugar para cada coisa e cada coisa em seu lugar". É preciso ter um tempo para cada coisa e fazer cada coisa a seu tempo. A organização elimina a tensão, o estresse e aumenta a concentração. Fazer o quadro horário é um primeiro passo.

Utilidade é a pergunta básica a respeito de cada uma de suas atividades diárias. Se é útil, faça e tente aumentar a produtividade; se não é útil e der para não fazer, não faça; se não é útil e tem de ser feito, procure dar alguma utilidade. Inclui tentar fazer coisas estudando.

Exemplos:

Estudar é útil: estude e procure estudar melhor.
Ver novelas não é útil, e dá para não fazer: não faça.
Andar de ônibus e lavar louça não é útil, mas não dá para não fazer: arrume maneiras de estudar nesse período (aulas ou audiobooks no MP3, resumos na parede etc.). Se você tiver que fazer uma viagem (ônibus, barco, avião), use o tempo de deslocamento para ler.

Talvez você esteja se perguntando sobre a letra "E". Ela é simples, não se faz uma casa sem tijolos e nenhuma técnica funciona sem você estudar, estudar, estudar. E "estudar" para concursos é "estudar e treinar". Quem não faz questões e exercícios de fixação não passa. Portanto, faço questões, faço provas e simulados e estude muito!

5. COMO CRIAR MAIS TEMPO

> "Tempo não se tem,
> tempo se faz."

Quando eu dizia que não tinha tempo para fazer algo que devia, meu pai sempre dizia: "Tempo não se têm, tempo se faz". Ele está certo! Hoje em dia, ninguém tem tempo para as coisas. Você tem de "fazer" seu tempo, criar tempo para as atividades que desempenha. Você só vai arrumar tempo para fazer as coisas pelas quais tiver real interesse (onde houver compromisso). Se estudar ou passar na prova não é algo que lhe interessa, nunca vai ter tempo. Já o namoro... a TV... o WhatsApp...

5.1. Ideias

Se você anda de ônibus e consegue ler em movimento, leia. Se não consegue (como é o meu caso), grave a matéria e a ouça com um gravador, MP3 player ou celular. Se você viaja acompanhado, utilize questionários, dê aulas etc. Se se trata de colega de estudo, os dois aprenderão muito; se é alguém que não estuda com você, mas quer lhe ajudar, ele ouvirá aulas ou fará perguntas previamente preparadas por você com muito prazer.

Se esta pessoa não está com boa vontade para lhe ajudar, arrume outra companhia até passar na prova e peça a compreensão da pessoa para cortar o papo e focar nos estudos.

Se você anda a pé, corre, faz ginástica ou anda de carro, a solução é gravar a matéria em CDs, DVDs ou MP3 e ouvir em um rádio ou MP3 player. Se lhe roubarem o mp3 player, compre outro, trata-se de um investimento, e não de despesa.

Calcule quanto tempo você gasta semanalmente com deslocamento. Retirando uma parcela ínfima para entrar e sair do carro, ou para se pagar a passagem, todo este tempo pode ser convertido em tempo de estudo. A grande vantagem é que se trata de um período indeclinável e que até aqui você mantinha inutilizado para o estudo. Claro, se você está em uma situação tensa de trânsito, pause seu estudo, mas aprenda a amar os engarrafamentos! Encare-os como oportunidades para estudar.

Estude no banheiro durante as tarefas diárias, nas filas dos bancos, no consultório, diminua o lazer excessivo etc.

> "Banheiro,
> um santuário do saber."

5.2. Como se organizar melhor e como usar o senso de utilidade

Uma das maneiras para se criar tempo é acabar com seu desperdício. É sobre como não perder (não perder = ganhar) que iremos falar agora.

> "Na hora da aula, preste atenção:
> não converse, namore, fofoque,
> devaneie etc."

5.2.1. Como ganhar tempo dentro do aspecto da organização:

- Faça um quadro horário geral (QHG) e um quadro horário de estudo (QHE).
- Tenha autodisciplina (a letra A, do AEIOU) e equilibre as atividades (letras I e O).
- Termine uma coisa antes de começar outra.
- Mantenha seu local de estudo arrumado.

- Anote as tarefas que devem ser realizadas.
- Se possível, peça a ajuda de parentes, amigos etc. (dentro do possível, delegue, peça ajuda, sem se tornar um explorador com um bom motivo).
- Faça um equilíbrio: não se torne um parasita e não fique assumindo tarefas alheias. Faça suas obrigações e leve os outros a fazerem as deles.
- Aprenda a dizer não educadamente, quando for preciso.
- Não enrole nem se enrole: para cada tarefa estabeleça prazos realistas e os cumpra.
- Estabeleça as prioridades: faça primeiro o que é importante e urgente, depois o que é importante e não urgente e por fim as demais tarefas.
- Antes de tentar salvar o mundo, passe no concurso.

5.2.2 Como ganhar tempo dentro do aspecto da utilidade

- Uso do banheiro
  a) Acabe com banhos longos (a menos que esteja dando uma aula imaginária sobre algum assunto).
  b) Acabe com o excesso daquelas horas dedicadas ao cabelo, à escolha das roupas, à maquiagem etc.
  c) Mantenha sempre material de estudo no banheiro, no boxe, no espelho etc.

- Uso do telefone
  a) Compre uma ampulheta com tempo de 4 a 7 minutos mais ou menos ou um cronômetro que desperte. Quando a conversa telefônica começar, vire a ampulheta e, acabado o tempo, acabe o telefonema.
  b) Peça para alguém fazer e atender as ligações delegáveis. Quando você mesmo tiver que ligar, faça todas as ligações de uma só vez. Evite ligar para telemarketing ou resolver os problemas por telefone salvo estritamente necessário.
  c) Não conte casos, histórias, troque ideias ou planeje seu próximo ano ao telefone. Sempre que for ligar, liste o que precisa saber ou dizer. Quando receber uma ligação, faça o mesmo. Vá sempre direto ao assunto, seja objetivo.

- Uso da TV
  a) Defina quais são os programas que irá ver, seja por informação (noticiários, educativos etc.) seja como lazer (filmes, seriados, comédias). Cumpra a programação. Se possível, grave a programação para ver em seu horário de descanso, sem interromper seu horário de estudo.

b) Não perca tempo com novelas, programas de auditório e filmes reprisados.

c) Com exceção do horário de lazer (que é livre), procure assistir apenas a programas que sejam úteis em termos culturais ou informativos.

d) Mesmo no horário de lazer, defina com seus próximos se existe algum lazer mais agradável do que a TV. Se houver, desligue o televisor e faça essa coisa.

e) Não estude perto do televisor nem ouvindo o seu som. Nunca passe perto do televisor ou dê "uma paradinha rápida" só para ver o que está passando.

- Reuniões de estudo (e outras)

a) Ao agendar a reunião, prepare antecipadamente o que deve acontecer nela.

b) Não desperdice tempo.

c) Se a reunião deve durar uma hora, procure agendá-la de modo a que mais ou menos uma hora e meia ou duas depois de seu início você tenha um compromisso. Outra técnica é pedir para alguém lhe ligar uns 15 minutos depois da hora em que a reunião deva terminar.

d) Se a reunião é de estudo, estudem; de trabalho, trabalhem. O papo furado deve ser deixado para as ocasiões dedicadas a isso (lazer) e nada de transformar em um piquenique.

e) Se a reunião é de trabalho, faça-a na sala ou casa de outrem; se é para estudo, a tendência é que haja um revezamento. Em qualquer caso, não deixe de disciplinar o tempo.

f) Estude de preferência com a porta fechada.

- Refeições

a) Não tente almoçar e estudar ao mesmo tempo, pois não é assim que se otimiza o horário das refeições.

b) Não desperdice tempo enquanto faz suas refeições, divagando, jogando conversa fora em excesso, comendo em lugares que demoram a servir etc.

c) Use o horário das refeições para fazer um relaxamento. Tranquilize-se e não almoce com pressa. Desligue-se. Isso fará bem para você e para sua digestão.

d) Após a refeição, relaxe por 5 a 10 minutos. Depois, retorne ao trabalho ou ao estudo.

e) Não existe esse negócio de que ler ou estudar depois de uma refeição faz mal. Basta ter o costume.

- Trabalho

a) Procure aplicar as ideias acima em seu local de trabalho.

b) Quando iniciar o horário de trabalho, esqueça o resto e produza o melhor possível. Quando terminar o expediente, não leve os problemas do trabalho nem trabalho para casa. Deixe os problemas do trabalho no seu local próprio. Não misture as estações.

c) Otimize. Há ofícios e atividades onde há grande tempo ocioso (exemplo lamentável: repartições públicas), onde se fica muito tempo sem fazer nada. Normalmente as pessoas conversam: você deve estudar. Se você almoça durante uma hora, reserve 15 minutos para redigir e, se der, mais 15 para ler legislação, resumos etc.

d) Se você lida com muito papel, não leia memorandos e ofícios mais de uma vez. Logo na primeira vez que os ler, anote o que deve ser feito, responda-os, determine ou delegue o que for cabível.

e) Não só no trabalho, mas em qualquer situação, tenha sempre consigo material de leitura. Use-o em situações de espera ou demora.

- Visitas

a) Se alguém lhe visitar de surpresa, seja educado, mas gentilmente demonstre que tem compromissos. Atender a pessoa em pé ou na varanda é eficaz. Outra solução é marcar um dia para sair com a pessoa, no horário para lazer.

b) Além do visitador inesperado, há uma outra espécie de pessoa que atrapalha o estudo. Aqueles que não têm o que fazer e querem dividir o próprio ócio com os demais. Evite isso. Dependendo da pessoa, há uma outra forma de resolver o problema: amavelmente diga que precisa estudar e gostaria que a pessoa ajudasse, por exemplo... assistindo a uma aula ou indo pagar uma conta no banco enquanto você estuda. Em pouco tempo você será o "chato" e a pessoa vai procurar outro. Dentro do possível, procure agendar quem você irá visitar e quem visitará. Não estamos falando aqui daquele parente ou amigo que repentinamente teve um problema e precisa de seu auxílio, pois nessas ocasiões você pode e deve ser solidário e exercer a flexibilidade. O que se deve evitar é uma prática de visitas e festas regulares e/ou inesperadas.

c) Quanto mais se fica sentado, se assiste TV, se oferece café e se puxa assunto, mais tempo se gasta. Defina para você mesmo o que prefere ser no momento: um anfitrião agradável ou passar no concurso. Nessas horas a etiqueta não vai ajudar tanto.

d) Por fim, temos aquele sujeito que nos procura um monte de vezes para pedir para fazermos alguma coisa que não é nossa obrigação. Cordialmente, diga não.

e) Aprenda a dosar o ajudar os outros e o ajudar a si mesmo para poder ajudar mais os outros no futuro. Em tempos de estudo, não dá para nunca ajudar nem para sempre ajudar os outros.

> "Quando iniciar o horário de trabalho, esqueça o resto e produza o melhor possível."

Outras dicas gerais:

1) A primeira pessoa a ser disciplinada é você mesmo, mas não é a única. Um projeto de estudos não sobrevive sem uma parcela de participação dos familiares e amigos. Através de conversas, acordos, indiretas, pedidos e atitudes, entre os quais uma conversa séria se preciso, indique sua necessidade de tempo para seus parentes, amigos e até para seu parceiro amoroso. Mostre seu compromisso com um objetivo que, quando alcançado, será melhor para todos. Insista para que as pessoas se façam colaboradoras na sua autodisciplina.

2) A participação coletiva no seu objetivo pessoal será mais fácil se houver uma dosagem razoável do tempo dedicado ao estudo e às atividades com eles (família, amigos, namorada[o], esposa[o]). Quando você tiver sucesso, e até chegar nele, não deixe de reconhecer e agradecer o apoio de seus circunstantes. Ou seja, separe algum tempo para as pessoas que você ama e curta estes momentos. Isso vai relaxar você e seus familiares.

3) Seja "*gentil com as pessoas, mas impiedoso com o tempo*". Não seja indelicado e não desperdice tempo. Resumindo os tópicos acima:

- Saiba dizer **não** ao seu desejo de lazer, sono e atividades sociais em excesso.
- Saiba, educadamente, dizer **não** aos convites de familiares e terceiros para participar de festas, passeios, lazer, conversas e tudo o mais em excesso.

4) Se der, é melhor deixar de ir a um casamento ou aniversário e passar logo do que ser muito social e muito desempregado. Após o concurso, revitalize

sua agenda social. Uma vez um aluno falou que assim perderia a namorada. Respondi que, se ela não estava disposta a ajudar e cooperar, perdê-la seria um excelente negócio para os três: para ele, para ela e para passar no concurso. Se for o casamento de seu melhor amigo, ou o jogo ou apresentação de seu filho, vá.

5) Não se estresse com o tempo, administre-o.

> "Aproveite este tesouro que é seu: seu tempo. Use-o com sabedoria, responsabilidade e flexibilidade."

CONCLUSÃO

Como vimos, o tempo de estudo não é algo objetivo nem estático. O mais importante não é quanto você estuda, mas como você estuda. Com organização e autodisciplina é possível ganhar tempo (criar tempo + evitar seu desperdício).

Ainda sobre tempo, vale a pena mencionar um excelente texto, de Raduan Nassar (*Lavoura Arcaica*, Companhia das Letras):

O tempo é o maior tesouro de que um homem pode dispor. Embora inconsumível, o tempo é o nosso melhor alimento. Sem medida que o conheça, o tempo é, contudo, nosso bem de maior grandeza. Não tem começo nem fim. Onipresente, o tempo está em tudo. Existe tempo, por exemplo, nesta mesa antiga, nestas paredes antigas. Existiu primeiro uma terra propícia, existiu depois uma árvore secular feita de anos sossegados. E existiu, finalmente, uma prancha nodosa e dura, trabalhada pelas mãos de um artesão dia após dia. Existe tempo nas cadeiras onde nós sentamos, nos móveis da família, nas paredes, na água que bebemos, na terra que fecunda, na semente que germina, nos frutos que colhemos, no pão em cima da mesa.

Rico não é o homem que coleciona e se pesa num amontoado de moedas e nem aquele devasso que se estende mãos e braços em terras largas. Rico só é o homem que aprendeu, piedoso e humilde, a conviver com o tempo, aproximando-se dele com ternura, não contrariando suas disposições, não se rebelando contra seu curso, não irritando sua corrente, estando atento para seu fluxo, brindando antes com sabedoria para receber dele os favores e não a sua ira.

O equilíbrio da vida depende essencialmente deste bem supremo. E quem souber com acerto a quantidade de vagar e ou a de espera que se deve pôr nas coisas não corre nunca o risco, ao buscar por elas, de defrontar-se contra aquilo que não é.

> "Quer fazer, faça benfeito."

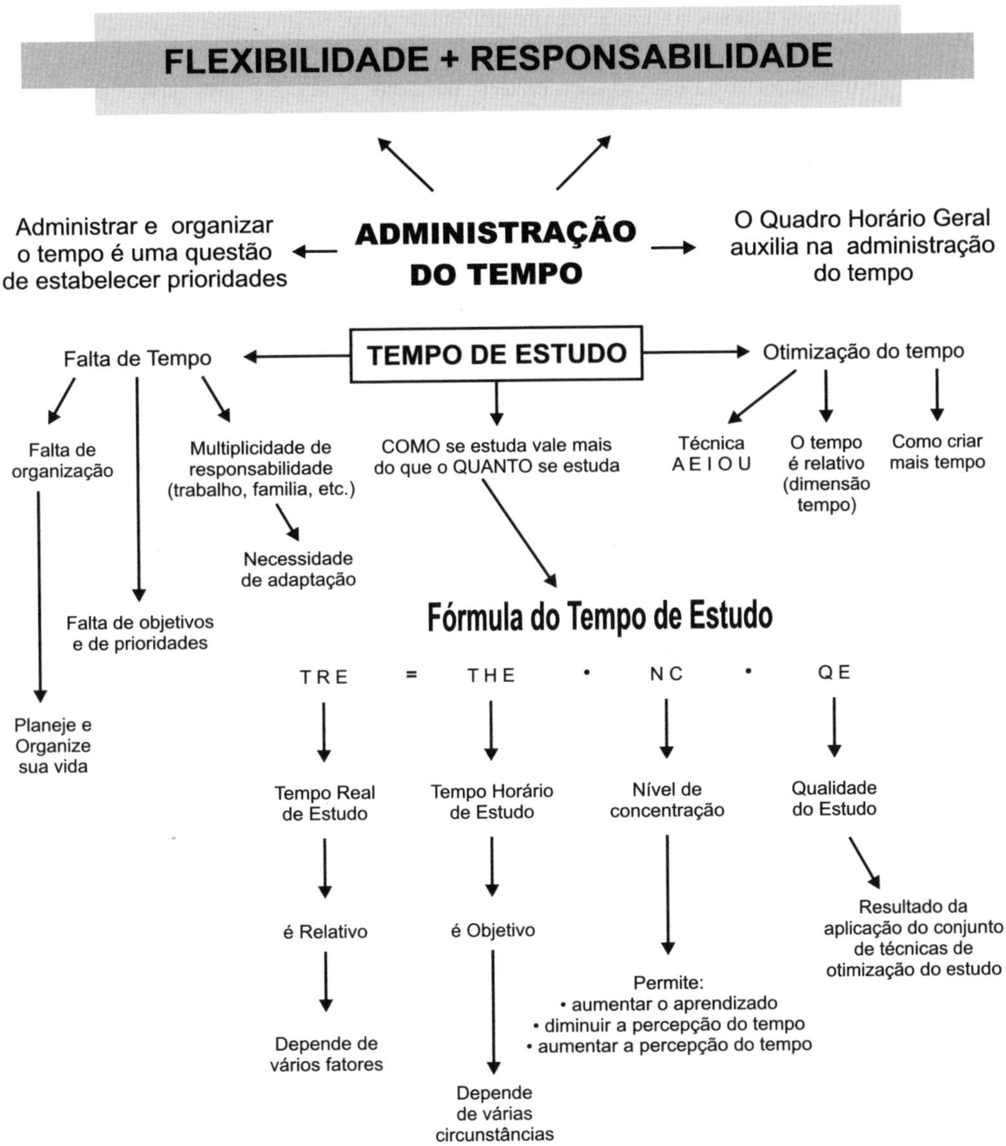
FLEXIBILIDADE + RESPONSABILIDADE
ADMINISTRAÇÃO DO TEMPO
Administrar e organizar o tempo é uma questão de estabelecer prioridades
O Quadro Horário Geral auxilia na administração do tempo
TEMPO DE ESTUDO
Falta de Tempo
Falta de organização
Planeje e Organize sua vida
Falta de objetivos e de prioridades
Multiplicidade de responsabilidade (trabalho, familia, etc.)
Necessidade de adaptação
COMO se estuda vale mais do que o QUANTO se estuda
Otimização do tempo
Técnica A E I O U
O tempo é relativo (dimensão tempo)
Como criar mais tempo
Fórmula do Tempo de Estudo
TRE = THE • NC • QE
Tempo Real de Estudo
é Relativo
Depende de vários fatores
Tempo Horário de Estudo
é Objetivo
Depende de várias circunstâncias
Nível de concentração
Permite:
• aumentar o aprendizado
• diminuir a percepção do tempo
• aumentar a percepção do tempo
Qualidade do Estudo
Resultado da aplicação do conjunto de técnicas de otimização do estudo

> ***“Quando sopram os ventos da mudança, alguns constroem abrigos e se colocam a salvo; outros constroem moinhos e ficam ricos.”***
>
> Claus Möeller

Capítulo 10

COMO MONTAR SEU QUADRO HORÁRIO

> Hoje é o dia que o Senhor fez: alegremo-nos e regozijemo-nos nele.
>
> Salmo 118:24

1. COMO MONTAR UM QUADRO HORÁRIO (GERAL – QHG E DE ESTUDO – QHE)

Como já dissemos no capítulo anterior, os dois valores essenciais para administrar nosso tempo são a flexibilidade e a responsabilidade. A flexibilidade decorre do fato de termos o livre arbítrio para montar, modificar e substituir as tarefas a serem cumpridas. A responsabilidade decorre do fato de sabermos que sem esforço e sem ação contínua e direcionada não é possível obter resultados. Ainda sobre essa relação, atente para duas ideias. Responsabilidade: ***no pain, no win***[10], como dizem os treinadores de atletas olímpicos[11], isto é, "sem dor (esforço, dedicação, persistência, transpiração, ação), sem vitória".

Para organizar nosso tempo, o melhor caminho é a elaboração de um quadro horário. Quadro horário é uma coisa que todo mundo sabe o que é, quase ninguém faz

[10] Alguns usam "no pain, no gain".

[11] Registro aqui que escrevi, com os amigos Renato Araújo e Diego Hypolito, ginasta campeão mundial, um livro chamado *Criando Campeões*, que trata desses temas.

e, de quem faz, quase ninguém cumpre. Contudo, é um dos mais perfeitos e eficientes métodos para otimização do tempo. Através dele vários alunos descobriram inúmeras horas por semana em que poderiam estudar e não sabiam.

O ser humano, principalmente o latino, tem uma certa resistência a qualquer coisa que lhe pareça ato de autoridade ou controle. Isto manifesta-se tanto na resistência a preparar o quadro, quanto na dificuldade para cumpri-lo com responsabilidade e autodisciplina. Insisto que não será um esforço em vão. **Experimente**.

Para que ocorra uma administração do tempo (ou, ao menos, sua estruturação) com qualidade é preciso fazer dois quadros, respectivamente:

1) Quadro Horário Geral – QHG e

2) Quadro Horário de Estudo – QHE

No quadro geral (QHG) colocamos todas as nossas atividades, deixando em branco os tempos vagos que podem ser muitos ou muito poucos, dependendo de suas atividades. Em seguida, procuramos espaços que podem ser convertidos em tempo de estudo. Por exemplo: se sei que todo dia das 6 às 7 e das 18 às 19h estou no ônibus, acabei de "achar" 10 horas semanais de estudo extra.

O quadro de estudo (QHE) é feito posteriormente, usando-se as horas vagas e as otimizadas, identificando-se as matérias a estudar e a distribuição da carga horária. Lembrando que o ideal é que você tenha conforto com todas as matérias em uma semana.

Uma das maiores vantagens do quadro horário é a liberdade e a paz de espírito que decorrem de se fazer aquilo que se decidiu. Na hora em que você monta seu quadro horário e de estudo, você é absolutamente livre. É quem escolhe o que vai fazer, quando, como e onde. Além disso, você vai poder parar de levar livros para a praia. Já reparou que todo mundo leva e ninguém estuda, e que quem estuda acaba não curtindo a praia? Um bom quadro horário terá a hora para a praia e a hora para os livros. E respeitando esses horários você poderá simplesmente "desligar" quando for a hora.

PERGUNTAS:

- Você já foi namorar sentindo-se culpado porque devia estar estudando?
- Você já ficou estudando com baixa produtividade, pois estava mesmo é com vontade de namorar?
- Você já teve ocasião em que estava estudando (e entendendo!) a matéria A, e de repente veio uma preocupação em aprender a matéria B? E nesta hora ou foi estudar a matéria B e parou de entender a A? Ou ficou na A mesmo com menor concentração?

Nosso cérebro nem sempre é capaz de organizar sozinho nossas atividades. Embora o consciente tenha noção de divisão do tempo, o inconsciente nem sempre a tem. Por isso, é muito comum que quando estamos fazendo uma coisa surjam na mente informações (e cobranças) a respeito de outras coisas a serem feitas. Nestas horas, o quadro serve como uma espécie de "assessor" organizacional.

Se você separou a sexta à noite para namorar, se na sexta à noite seu cérebro enviar "mensagem" para estudar, você deve "responder" que aquela ocasião é para fazer exatamente o que você está fazendo, sem culpas nem tensão.

De igual modo, na hora de estudar, estudar. Se na sexta você marcou para estudar até às 18 horas, até às 18h apenas estude. Não se deixe levar por devaneios ou pressa para dar a hora de ir namorar. Quando vier aquela imagem da sexta à noite, autodetermine-se no sentido de deixar aquele interesse para o momento adequado.

Quando estiver estudando a matéria A (e entendendo!) e seu inconsciente enviar uma mensagem a respeito da matéria B, você deve conscientemente determinar que toda a sua atenção permaneça na matéria A, já que a matéria B tem seu tempo determinado para estudo.

Com o quadro horário você deixa de ficar à mercê de seus impulsos naturais e inconscientes. Sua vida ficará mais organizada e tranquila, e seu estudo – consequentemente – renderá muito mais.

LEMBRE-SE ao montar seu QHG: "tempo não se tem, tempo se faz."

2. COMO MONTAR O QUADRO HORÁRIO GERAL – QHG

Antes de montar seu quadro horário, faça duas coisas:

a) Conscientize-se que, para se chegar a um resultado diferente, é preciso uma conduta diferente e que qualquer conquista exige um período maior ou menor de trabalho e investimento.

b) Utilize a Técnica AEIOU já relatada

Divida o tempo. Avalie sua semana, identificando as necessidades de descanso/sono, higiene, locomoção, trabalho, estudo em curso preparatório ou faculdade, lazer, refeições, estudo em casa, atividade comunitária ou religiosa etc. A seguir, preencha o quadro horário, cujo exemplo temos abaixo.

Quando você tiver um horário "livre", circunde-o com uma caneta de cor diferente ou lumicolor/pilot ou coisa que o valha. Estes quadros são as horas que serão divididas para as atividades básicas de quem quer passar: estudo, estudo, estudo, lazer e atividade física.

DOIS PASSOS PARA GANHAR MAIS 2H 45MIN DE ESTUDO POR SEMANA:

1. Se você almoça entre 12 e 13 horas, faça uma linha na base do quadro respectivo. Esta linha significa aqueles 15 minutos que você não fazia nada (ou ficava fofocando) e nos quais vai passar a estudar. Durante algum tempo alguns poderão achar que você ficou "metido", é um "CDF" ou algo assim. Educadamente, mostre o quanto você quer melhorar e que aqueles minutos são importantes. De 2ª a 6ª, sem muito esforço, você acabou de ganhar 1 hora e 15 minutos de estudo. Como se trata de um período curto, a produtividade será ótima. A forma como você considerar esses 15 minutos será exatamente como eles serão: um fardo (sem produtividade) ou uma oportunidade (proveitosa).
2. Uma linha idêntica deve ser feita no primeiro ou último horário do dia: são aqueles preciosos 15 minutos que não farão muita diferença no seu dia a dia, mas resultarão (de 2ª a sábado) em mais uma hora e meia de estudo (de redação livre, por exemplo).

Com essas duas modificações, você, quase sem nenhum impacto, obtém mais 2 horas e 45 minutos de estudo por semana. Poderá usar este novo tempo aberto para estudo, a fim de treinar leitura e redação ou fazer questões.

Vou dar um exemplo de montagem do quadro. Utilizarei apenas o turno da manhã até o almoço, pois é o suficiente para demonstrar a mecânica.

	SEGUNDA	TERÇA	QUARTA	QUINTA	SEXTA	SÁBADO	DOMINGO
6 / 7 h	Acordar, higiene, leitura do jornal (Obs. 1)	Acordar, higiene, leitura do jornal	Acordar, higiene, leitura do jornal	Acordar, higiene, leitura do jornal	Acordar, higiene, leitura do jornal	Acordar, higiene, leitura do jornal	Acordar, higiene, leitura do jornal
7 / 8 h	Correr (Obs. 2)		Correr		Correr	(Obs. 3)	Leitura da Bíblia
8 / 9 h	Banho e 30' de estudo		Banho e 30' de estudo		Banho e 30' de estudo	Lazer	Deslocamento (Obs. 5)
9 / 10 h	Deslocamento	Deslocamento	Deslocamento	Deslocamento	Deslocamento	Lazer	Igreja
10 / 11 h	Trabalho (Obs. 4)	Trabalho	Trabalho	Trabalho	Trabalho	Lazer	Igreja
11 / 12 h	Trabalho	Trabalho	Trabalho	Trabalho	Trabalho	Lazer	Igreja
12 / 13 h	Almoço xxxxxxx	Almoço xxxxxxx	Almoço xxxxxxx	Almoço xxxxxxx	Almoço xxxxxxx	Almoço xxxxxxx	Deslocamento
13 / 14 h	Trabalho	Trabalho	Trabalho	Trabalho	Trabalho		Almoço (Obs. 5)

Observações sobre o quadro

O horário pode estar, em princípio, vago ou com atividade necessária, mas otimizada para estudo. A pessoa pode estudar no banho e, após, rever fichas, ler, escrever etc. Durante o deslocamento pode-se ouvir algum audio previamente gravado com a matéria.

▭ – Horários onde se vai montar o QHE. Total de cinco horas (= o número de quadros vagos)

"xxx" – Estes sinais (os xxx) representam os 15 minutos que eram de conversa e agora são de leitura (+ 1h30min/semana)

OBS. 1 – A leitura de jornal é útil e encaixa-se fácil no horário. Mais 1h45min de leitura geral por semana.

OBS. 2 – Pode-se correr ou caminhar ouvindo as gravações da matéria. Neste exemplo, não somarei as horas respectivas.

OBS. 3 – No exemplo, a pessoa gosta de ir jogar futebol. No caso, ela pegou uma hora no início do sábado e converteu em tempo de estudo. Assim, chega um pouquinho mais tarde no campo e estuda mais uma hora por semana.

OBS. 4 – Existem atividades que permitem um pouco de estudo.

OBS. 5 – Repare que neste exemplo o domingo é utilizado como "dia do descanso", aquele no qual não há a preocupação de otimizar ao máximo o tempo, tanto que no almoço e no deslocamento não se previu estudo. O lazer também pode ser, conforme o caso, transferido para o domingo. Quando o Criador estabeleceu o "dia do descanso", mais do que um preceito de fé, estabeleceu um princípio que atende às nossas necessidades orgânicas, que Ele conhece muito bem. Seja na sexta, sábado ou domingo, ou outro dia, procure ter um dia da semana sem atividade de estudo ou trabalho.

TOTAL DE HORAS PARA ESTUDO NO EXEMPLO CITADO:

5 horas vagas

+ 1 hora deslocada do lazer para o estudo (OBS. 3)

+ 6h15min de otimização (correspondentes a:)

+ 1h30min de estudo após o banho (2ª, 4ª e 6ª)

+ 1h30min em deslocamento (± 30' em cada hora de deslocamento, de 2ª a 6ª)

+ 1h45min de leitura geral (jornais/revistas, de 2ª a domingo na OBS. 1)

+ 1h30min de estudo após o almoço (de 2ª a sábado).

+ x + y (a definir, conforme OBS. 2 e OBS. 4, se possível)

DIVISÃO DAS HORAS DE ESTUDO PARA MONTAR O QHE

a) defina o que vai fazer nos horários mais "quebrados", onde você "arrumou" tempo para o estudo. Nestes horários deve fazer preferentemente atividades de apoio. O estudo mais forte deve ser feito com concentração total.

- 1h45min de manhã – leitura geral (jornais, revistas).
- 1h30min após o almoço – utilize para leitura da matéria ou correlatas. Ex.: ler livros, resumos e/ou a legislação que vai cair na prova.
- 1h30min em deslocamentos – utilize para reforçar o estudo das matérias em que ainda está fraco.

b) defina o tempo que sobrou:

- 5h – o seu tempo livre, aí incluída uma hora a menos de futebol no sábado.
- 1h30min – resultante de 30 min após o banho nos três dias em que corre na semana.
- TOTAL: 6h30min. Este é o tempo que você vai dividir entre as matérias do concurso.

  Obs.: pode parecer pouco tempo, mas tendo o tempo bem administrado e usando técnicas é importante e benéfico.

c) outras otimizações possíveis:

- Correr ouvindo MP3 etc. OBS. 2, que não contabilizei. Mais até três horas.
- Como já existem quatro horas de atividade física no sábado, é possível correr apenas uma ou duas vezes por semana, com o que se obteria mais uma ou duas horas de estudo com concentração total.
- Conforme OBS. 4, é possível, dependendo do caso, obter mais uma, duas ou até várias horas. É claro que você só fará isso se der, sem prejudicar seu rendimento no trabalho.
- No item "c" é possível obter-se, hipoteticamente, mais umas quatro horas, que passam das 6h30min para 10h30min, além das 4h45min de tempo otimizado.

d) Repare que a otimização do tempo provavelmente resultará em um número maior de horas, pois só exemplificamos meio expediente.

e) Às vezes o tempo otimizado é bem maior que o número de horas de estudo. Somando tudo, sobrará mais tempo para algum lazer ser feito, e feito sem culpa.

"Todos os dias quando acordo, não tenho mais o tempo que passou
Mas tenho muito tempo: Temos todo o tempo do mundo.
Todos os dias antes de dormir, lembro e esqueço como foi o dia:
'Sempre em frente, não temos tempo a perder'.
(...)
Temos nosso próprio tempo."

Renato Russo

Dia / Hora	Segunda-feira	Terça-feira	Quarta-feira
6 / 7 h			
7 / 8 h			
8 / 9 h			
9 / 10 h			
10 / 11 h			
11 / 12 h			
12 / 13 h			
13 / 14 h			
14 / 15 h			
15 / 16 h			
16 / 17 h			
17 / 18 h			
18 / 19 h			
19 / 20 h			
20 / 21 h			
21 / 22 h			
22 / 23 h			
23 / 24 h			

Obs.: Recomendo que você não preencha este quadro. Sugiro que o copie e utilize a cópia cada vez que for mexer no seu horário. Fotocópia ou arquivo escaneado serve para estas coisas. Obviamente, somos contra a cópia ilegal de livros, o que não se aplica a pequenos trechos. Entendemos que a cópia ilegal prejudica o autor e o mercado do livro.

Quinta-feira	Sexta-feira	Sábado	Domingo

1) "Fotografe" seu horário atual
2) Some os tempos e veja se estão razoáveis
3) Aplique a Técnica AEIOU
4) Modifique o que julgar útil para alcançar equilíbrio e sucesso.

ESTUDO/CURSOS
LAZER
IGREJA
TRABALHO

Verifique o total de horas para:
SONO
FAMÍLIA
ESTUDO/SOZINHO
ALIMENTAÇÃO/HIGIENE
EXERCÍCIOS FÍSICOS

OBSERVAÇÕES

Sono. Cada organismo tem uma necessidade específica de horas de sono. Não adianta você acordar às 4 da manhã e passar o dia mal, baixar a qualidade do estudo e, a longo prazo, se estressar. Procure definir seu número ideal de horas de sono por dia. O máximo que se pode fazer é forçar um pouco mais no meio da semana e "pagar" o sono "atrasado" no final de semana. Observe-se: diminua 30 minutos de seu sono diário e veja como seu organismo responde. Se tudo funcionar bem, você ganhou 3 horas e meia de estudo por semana; se não, respeite seu organismo. Outro toque: falta de exercícios físicos regulares (sedentarismo) e obesidade aumentam o sono.

Como já disse, não é errado, mas até benéfico, que haja um dia por semana em que não estude. Este será o "dia de descanso", ou seja, aquele no qual não vai estudar. Ele poderá ser o seu dia religioso ou aquele em que há menos tempo disponível para estudo. Este dia servirá para o cérebro burilar e assimilar o que estudou nos demais. O tempo de descanso e de sono também é utilizado pelo cérebro para aprender e memorizar. Por isso se diz que ***time out is not time off***, ou seja, que o tempo em que se está "fora" do estudo não significa que é um tempo "desligado" do estudo. Veja que Deus criou um dia semanal de descanso do trabalho, e se tem alguém que conhece o funcionamento do organismo humano é Ele, o Criador. Use este dia para lazer, descanso, família, recarregar as baterias. Durma até um pouco mais tarde, se quiser.

Após cortar os excessos e se organizar, veja quantas horas vai dedicar a cada atividade. Não tente fazer milagres: melhore aos poucos.

Procure otimizar essas partes. O lazer pode ser a atividade física e/ou a atenção dispensada à família. Se há filhos, saiba separar uma parte do tempo para o cônjuge e outra para os filhos. Se possível, evite "cortar" o tempo dedicado às atividades filantrópicas ou religiosas, pois elas são úteis para o espírito e dão maior força interior. É melhor levar mais um pouco de tempo para passar com a cabeça no lugar do que alcançar sucesso como um autômato egoísta.

Depois de fazer seu QHG e QHE, analise as médias de tempo de cada atividade. Você tem 168 horas por semana.

Qual a porcentagem de tempo dedicada ao estudo, ao lazer, e assim por diante?

É um conjunto equilibrado e razoável?

O número de horas dedicadas ao estudo é compatível com a ideia de compromisso com o resultado pretendido?

As horas inúteis foram otimizadas para transformarem-se em horas úteis?

Você vai aguentar e querer cumprir o horário na forma em que ele se encontra?

Como se diz, **o ótimo é inimigo do bom**. Não adianta um horário "ótimo", mas impraticável: é melhor um horário "bom" e que seja cumprido com rigor.

MÉDIAS: Some o tempo que você gasta com cada uma das atividades hoje,[1] veja o que está bom, excessivo ou pouco e faça uma proposta[2] de redistribuição do seu tempo.

	HOJE[1]		PROPOSTA[2]
SONO:		Aplique a técnica AEIOU	
ALIMENTAÇÃO/HIGIENE:			
LAZER:			
ATIVIDADE FÍSICA:			
FAMÍLIA:			
TRABALHO:			
ESTUDO EM CURSOS/FACULDADE:			
ESTUDO EM CASA/BIBLIOTECA:			
ATIVIDADES COMUNITÁRIAS E RELIGIOSAS:			

3. COMO MONTAR O QUADRO HORÁRIO DE ESTUDO – QHE

3.1. Como organizar as matérias

Após definir quantas horas você tem para estudar, liste as matérias que cairão na prova ou no concurso. Separe as que você gosta, as indiferentes e as que não gosta a princípio.

Pronto, olhe para todas elas e passe a gostar de todas, caso contrário terá uma diminuição em seu rendimento. As matérias que você até ontem não gostava ou era indiferente são provavelmente aquelas que você sabe menos. Então, separe as que você gosta e sabe mais e as que gosta e sabe menos. Repare que, ao fazer referência a certas matérias, eu tenho cuidado com a atitude mental:

ATITUDE INCORRETA	ATITUDE CORRETA
Matéria que não gosto	Matéria que aprendi a gostar
Matéria que não sei	Matéria que estou aprendendo
Matéria em que sou fraco	Matéria em que ainda estou fraco
Matéria em que sou ruim	Matéria em que estou ruim no momento/por enquanto
Matéria que não aprendo fácil	Matéria à qual vou me dedicar mais

3.2. Se existirem matérias com maior peso na prova

Multiplique o número relativo a ela. Assim, se há cinco matérias, mas duas são mais importantes, eu posso multiplicar essas matérias pelo seu peso e somar mais algum tempo para elas. Assim, ao invés de tempos iguais para as matérias do edital, eu precisarei de blocos de estudo de acordo com o valor delas.

Exemplo:

Temos cinco matérias no edital (1, 2, 3, 4 e 5) e as matérias 1 e 2 têm peso 2 ou uma tem peso 2 e na outra ainda estou muito fraco (daí, aumentarei o tempo de estudo delas).

Matérias mais importantes do edital: 2 (x peso 2) = 4

Matérias normais do edital: 3 (x peso 1) = 3

Total de blocos necessários = 7

Se você tem, como no caso anterior, 14 horas para estudar, cada bloco de estudo terá duas horas. Aí você preencherá os espaços vagos no quadro horário: estudará as matérias 1 e 2 por quatro horas cada (2 blocos de duas horas cada matéria), as matérias 3, 4 e 5 por duas horas (1 bloco para cada). Na hora de preencher o quadro, você irá "quebrar" a hora para encaixar 16 blocos em 14 horas.

Um jeito ainda mais simples é o de emprestar um número igual de horas para todas as matérias e aí começar a tirar "horas" ou "meias-horas" daquelas onde o peso na prova é menor (ou já estamos mais bem preparados), encaixando nas matérias com maior peso ou onde ainda precisamos estudar mais.

O IMPORTANTE É QUE VOCÊ:

Divida o tempo de estudo de acordo com a importância das matérias na prova ou com sua facilidade maior ou menor de aprendizado.

Privilegie as matérias com maior peso na prova ou onde, por enquanto, você tem maior dificuldade. Com o tempo, você terá um bom nível em todas.

Reserve tempo para aquilo que chamo de matérias de suporte: para as leituras geral e de apoio e para redigir, se o seu concurso tiver redação ou provas discursivas.

Vale a pena fazer esses cálculos? Sim, pois você organizará melhor seu horário.

3.3. Quadro exemplificativo

Vamos dar um exemplo onde simplificamos um pouco o cálculo. Veja que em 20 horas trabalhamos com uma média de duas horas por matéria e uma sobra de duas horas. A partir daí, fixei uma base de duas horas e meia para cada matéria do Edital e de mais ou menos uma hora e meia para cada matéria de suporte. O importante é que o resultado final da "conta" seja equilibrado.

Número de horas de estudo disponíveis por semana: 20

Número de matérias com peso 1: 3 x 1 = 3

Número de matérias com peso 2: 2 x 2 = 4

Total de matérias com peso incluído = 7

Assim você deve estudar duas horas para cada, dando 14 horas.

Nas seis horas que sobram, deverá estudar a matéria que sabe menos, ou em que ainda tem mais dificuldade e fazer questões de concurso e simulados.

Obs.: Nada impede, e é até bom, que no final de cada bloco de cada matéria você faça exercícios de fixação.

3.4. Outras observações sobre a montagem do QHE

Para definir quais são as matérias a serem estudadas e qual será a leitura de suporte, leia o edital e a forma de realização das provas, bem como quais matérias possuem peso maior e/ou são eliminatórias.

> ***"A diferença entre sonho e realidade é a quantidade certa de tempo e trabalho"***
>
> William Douglas

4. Como acelerar seu aprendizado

Aqui trataremos de uma formação humana e geral que torna o candidato mais preparado. A preocupação é ir um pouco além do "bê-a-bá", do edital do concurso. Para isso, você deve separar tempo para dedicar-se a atividades correlatas.

O primeiro passo é a leitura de livros, apostilas e resumos sobre as matérias que constam no programa. Muitos querem passar em provas e concursos apenas com a matéria do caderno ou com o que ouviram em sala. O caminho não é este. Quando for estudar uma matéria, procure ler mais do que as anotações tomadas em sala. Se possível, leia mais do que as apostilas. Use as apostilas para dar uma olhada geral na matéria, depois leia os livros e, no final, para fixar melhor, releia a apostila.

Além dessa leitura básica, o "zero a zero" de quem vai fazer o concurso, isto é, aquilo que todo mundo faz, devemos fazer mais duas leituras e duas formas de treino de redação:

leitura de apoio
leitura geral
redação de apoio
redação geral

4.1. Leitura de apoio

Refere-se à leitura de assuntos úteis para a prova, e que não necessariamente fazem parte específica do programa de matérias.

A leitura destes materiais é importantíssima e poucos a fazem. Assim, em concursos na área técnica e jurídica, o candidato deve ler: a legislação pura e simples (que faz falta na hora da prova, mesmo as com consulta, afinal, você não vai "explorar e descobrir novidades" na hora da prova, vai?) e, dependendo dos concursos, as súmulas e jurisprudência do STF e STJ, e, eventualmente, de outros tribunais.

4.2. Leitura geral

É a ocasião para ler jornais, revistas, livros de cultura geral, livros religiosos etc. Não se iluda: esta leitura irá fazer diferença na hora da prova. Ler dicionários e enciclopédias, aleatoriamente, também não é má ideia. Ajudam a formar uma plataforma de estudo e embasar suas respostas com conhecimentos gerais.

4.3. Redação (geral e de apoio)

Redação Geral. Separe ocasião para fazer redações sobre assuntos do programa. Faça o seguinte: a) estabeleça um assunto; b) usando um livro, faça um esquema dos pontos mais importantes; c) leia a matéria; d) sem consultar o livro e usando o esquema feito, faça uma redação sobre o assunto. Experimente também ler e fazer o esquema num dia e fazer a redação no outro; e) corrija sua redação.

Redação de Apoio. Separe tempo para fazer redações sobre qualquer tema. Faça a redação em um dia, no dia seguinte corrija a redação anterior e faça uma nova. Isto vai melhorar seu rendimento. E, ao final, pode tornar-se um excelente *hobbie*. Se preferir, lance um *blog*, mas imprima a postagem para revisar e lembre-se que na hora da prova a redação será escrita e tem número de linhas a ser respeitada. Não use, tampouco, linguagem de *internet* nas provas: "vc", "naum", "pq", "tb" nunca devem aparecer em uma prova.

> "A melhor disciplina do tempo é aquela que obtém a relação ideal entre responsabilidade e flexibilidade."

CONCLUSÃO

Há um texto da sabedoria de Salomão (Eclesiastes 3: 1,8) que fala sobre o tempo, e com ele termino este Capítulo:

"Tudo tem a sua ocasião própria, e há tempo para todo propósito debaixo do céu.

Há tempo de nascer, e tempo de morrer;

tempo de plantar, e tempo de arrancar o que se plantou;

tempo de matar, e tempo de curar; tempo de derribar, e tempo de edificar;

tempo de chorar, e tempo de rir; tempo de prantear, e tempo de dançar;

tempo de espalhar pedras; e tempo de ajuntar pedras;

tempo de abraçar, e tempo de abster-se de abraçar;

tempo de buscar, e tempo de perder; tempo de guardar, e tempo de deitar fora;

tempo de rasgar, e tempo de coser; tempo de estar calado, e tempo de falar;

tempo de amar, e tempo de odiar; tempo de guerra, e tempo de paz".

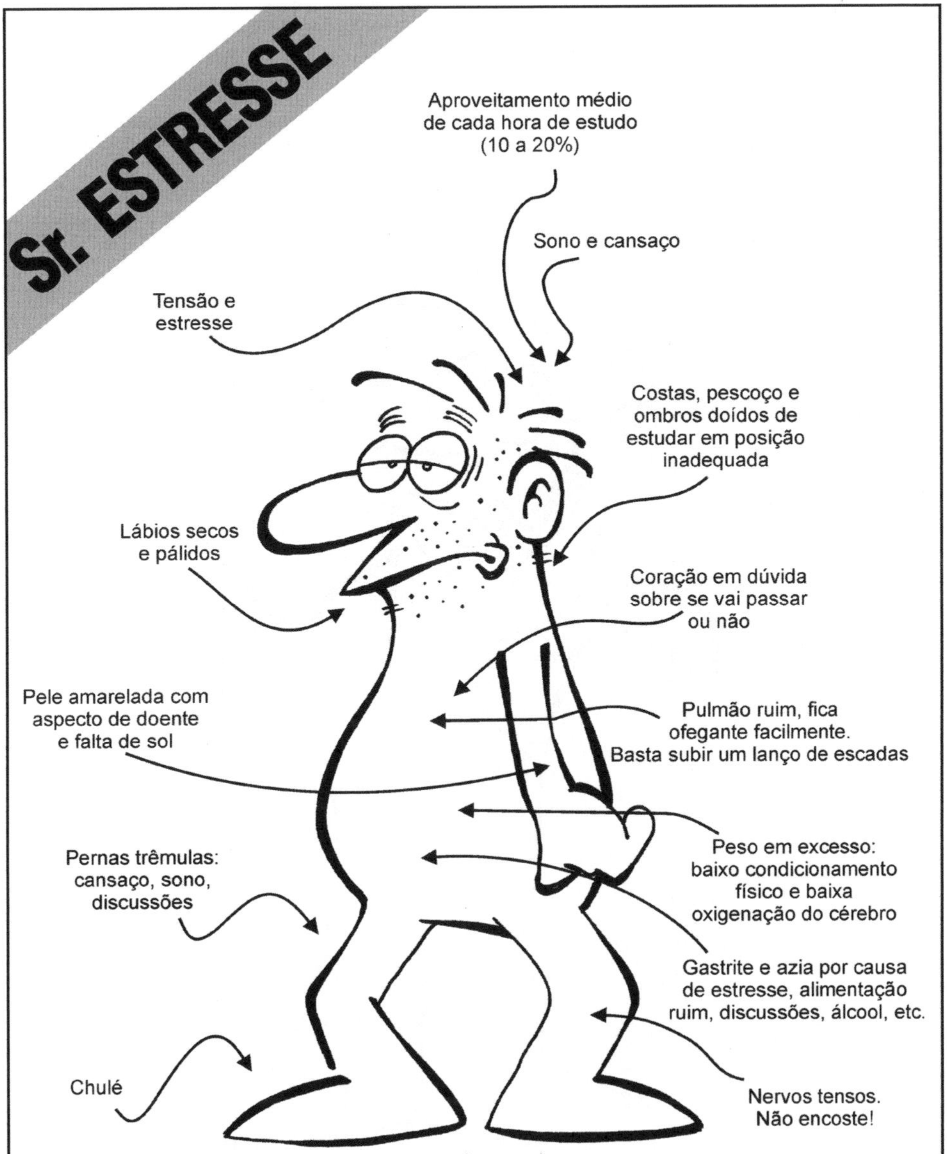

CONSIDERA A PROVA UM MOMENTO DESAGRADÁVEL
(Estresse, tensão, medo, "branco", ansiedade)

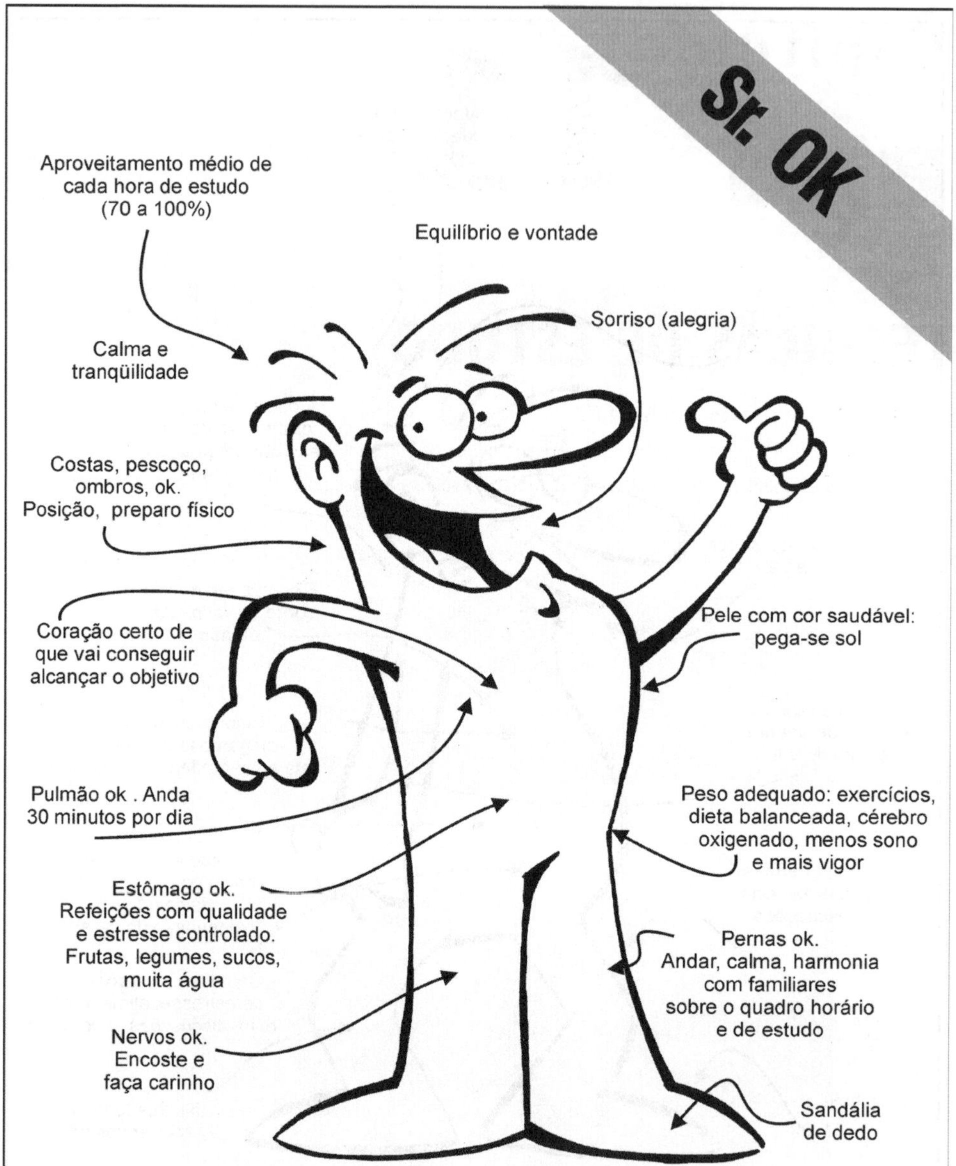

CONSIDERA A PROVA UM MOMENTO AGRADÁVEL
(Prazer, calma, tranqüilidade, autocontrole)

Capítulo **11**

TÉCNICAS DE ESTUDO

OBSERVAÇÃO IMPORTANTE:
Não comece a ler o livro por este capítulo! Os erros mais comuns na preparação e na prova são a pressa e a vontade de ir "direto ao assunto". Não comece sua preparação cometendo esses erros que podem levá-lo a perder a base, que é o mais importante. Recomendo que leia este livro na ordem que propus, pois segue uma sequência de estudo e preparação.

> A única pergunta idiota é a que você não faz.
>
> Paul MacCready

1. O QUE É O ESTUDO

Estudar é divertido, agradável e compensador. Mesmo que alguma matéria aparente não ser útil para o resto da sua vida, ela terá sua importância para algum degrau a ser pisado, para alguma fase a ser superada. Estudar deve ser considerado algo prazeroso, um hábito de vida, o fruto de uma curiosidade permanente.

Paulo Freire, educador e filósofo brasileiro, autor de *Pedagogia do oprimido* costumava dizer, sobre o ensino, que estudar é uma atividade que exige uma postura crítica, na qual aquele que estuda se sente desafiado pelo texto em sua totalidade e seu objeto é apropriar-se de sua significação. Estudar, portanto, é assumir uma postura curiosa: a de quem pergunta, a de quem indaga, a de quem busca. Estudar é assumir uma relação de diálogo com o autor do texto com o membro da banca, com o professor que transmite a matéria. Estudar é uma atividade que exige humildade. Não é, portanto, memorizar mecanicamente, como se o saber fosse uma doação dos que se julgam sábios aos que julgam nada saber. Estudar é, sobretudo, pensar a prática, e pensar a prática é a melhor maneira de pensar certo.

Mira Y. Lopes completa dizendo que estudar é concentrar todos os recursos pessoais na captação e assimilação de dados, relações e técnicas que conduzem à solução de um problema, e que aprender é uma mudança positiva no rendimento. Aprender significa prender-se efetivamente a algum assunto. Aprender é obter o resultado procurado na atitude de estudo.

Quando se passa a estudar dessa forma (reinventando, questionando, atuando como sujeito e não como objeto, buscando uma mudança positiva no rendimento), o estudo passa a ter muito mais graça. Inclusive e, principalmente, o estudo daqueles assuntos/temas/disciplinas que não valorizamos muito ou com os quais não nos identificamos em um primeiro momento.

2. ESTRATÉGIA E MÉTODO DE ESTUDO

2.1. Estratégia de estudo

Estratégia é um conjunto sistematizado de ações ou procedimentos dirigidos a um fim que se quer alcançar. São os planos adotados para a realização de determinada tarefa. Pode-se chamar de tática a parcela de planejamento para cada meta ou etapa. A estratégia é a ação geral, que trabalha com o todo.

Uma boa estratégia de estudo deve considerar basicamente dois quesitos:

1) **Personalização**. Mais importante do que utilizar uma técnica de estudo específica é encontrar o modo de aprender que funciona para você, o que gera melhores resultados. Técnicas de terceiros podem e devem ser testadas: se funcionarem, ótimo; se não funcionarem, procure adaptá-las às suas peculiaridades ou parta para outras. Não se force a utilizar uma técnica somente porque quer agradar a alguém ou por querer repetir o resultado de outra pessoa. Personalize as técnicas para suas necessidades pessoais, suas características e particularidades. Se uma forma de estudo funciona para você, não se engane caso alguém diga que ela não é boa, que tem este ou aquele defeito. Se funciona para você, ela é a ideal. Por exemplo, tenho alunos que aprendem muito bem transcrevendo a matéria para cadernos. Embora copiar a matéria à mão leve muito tempo, eles aprendem bem assim e, por isso, é uma técnica excelente para eles. Eles podem até tentar novos sistemas, nada os obriga a ficarem reféns de um só método, mas também

nada os impede de utilizar uma forma, aparentemente contraproducente, mas que está funcionando. Algumas pessoas tentam transpor essa técnica para o computador, mas, em geral, percebem que simplesmente digitar a matéria não tem o mesmo efeito. A flexibilidade que deve existir no horário também pode ser aplicada às técnicas e ao modo de execução.

2) **Avaliação da relação Custo x Benefício**. Monitore seu processo de aprendizagem, preste atenção àquilo que funciona, àquilo que vale e que não vale a pena. Um processo contínuo de aperfeiçoamento não dispensa uma constante verificação das vantagens e desvantagens de cada método. Isso permite aumentar o rendimento e, cada vez mais, a personalização das técnicas.

O importante é saber que uma boa estratégia, um bom método e boas técnicas fazem "milagres" em sua preparação. Sabemos que um centímetro ou alguns centésimos de segundo podem significar uma vitória nos esportes. Nos concursos, um centésimo de nota pode ser a diferença entre o último classificado e o primeiro cortado. Assim, um ganho infinitesimal, proporcionado pela tecnologia e pelo conhecimento pessoal e da técnica, pode ser o suficiente para alcançar o sucesso.

3. TÉCNICAS BÁSICAS PARA O ESTUDO EFICAZ

As técnicas básicas de estudo são:

A motivação,
O amor à matéria,
A curiosidade,
A acuidade e
A agregação cíclica.

A seguir, você verá que as técnicas básicas de estudo têm íntima relação com a programação do cérebro. Portanto, não deixe de seguir as dicas do Capítulo 6 deste livro sobre como conhecer, operar e aproveitar o máximo dessa máquina. Vamos às técnicas.

3.1. Motivação

Se você não tem um bom motivo para estudar, não tem um bom motivo para aprender. Se não tem um bom motivo para aprender, você não aprende. Simples assim.

Ou se começa a estudar com um motivo para esta ação ou é melhor ir fazer outra coisa. Estudar só vale a pena e frutifica quando é feito com um bom motivo, quando quem estuda está sabendo porque está ali fazendo aquilo. O que te faz agir? O que te faz querer passar em um concurso? A resposta a essas indagações serão essenciais para ajudá-lo a descobrir sua real motivação.

Se você não tem motivos para estudar ou tem outras motivações maiores do que ser aprovado, siga seu coração. Invista esse tempo em algo que vai lhe dar prazer. Mas, como me ensinou Wellington Salgado de Oliveira, garanta que não vai se arrepender depois. Nada pior do que a frustração de ter abandonado seu objetivo por preguiça. Assim, ao decidir se vai estudar com dedicação e esforço, ou não, pense não só no presente, mas também no futuro.

Ao se motivar para estudar, lembre-se dos benefícios que o esforço que você está fazendo irá produzir. Visualize mentalmente o que você quer, os seus objetivos, a satisfação de ir bem nas provas e concursos, e responda às perguntas. Se eventualmente não gostar de estudar ou da matéria, mude de atitude. Se gostar, vá fundo.

Saiba sempre a razão do que está fazendo, motive-se e o aprendizado virá correndo.

3.2. Amor: uma das maiores motivações

O amor é tão importante para o rendimento da pessoa que já foi dito que "*gênio é uma pessoa normal que trabalha no que gosta*". Não há nada que não seja otimizado pelo entusiasmo. No caso do estudo, o amor, o prazer, o se gostar, podem ser considerados uma chave mestra.

Permita-me um exemplo pessoal. Eu não gostava nem um pouco de Direito Comercial. Aliás, passei para a Defensoria Pública (em 1º lugar) sem que ele me tenha feito falta. Mais tarde, no concurso para Juiz de Direito, Direito Comercial respondia por 10% da prova. Eu precisava de 50 pontos para passar. No primeiro concurso que fiz para esse cargo tirei 42, zerando em Comercial; no segundo, tirei 46,5, e um novo zero em Comercial. Nesse momento cheguei à conclusão de que Direito Comercial estava fazendo falta. Não dava para viver sem ele. Eu precisava dessa matéria para pontuar e alcançar minha meta.

Como resolver o problema? No meu caso, foi simples. Minha relação com o Direito Comercial era uma relação constituída por evitar a dor que me causava (negativa). Passei a ter uma relação de prazer (positiva). Sem qualquer exagero, posso assegurar que um belo dia olhei para o Código Comercial e disse para ele que até o dia anterior não o amava, mas como ele era necessário para que eu alcançasse os meus sonhos, minha carreira, meu sucesso etc., passei a amá-lo. Assim, como em um **ato de vontade**, em um **ato consciente**, passei a amar Direito Comercial. A partir daquele momento, daquela ruptura, passei a ler e estudar a matéria com uma nova atitude e o resultado disso foi, finalmente, aprendê-la.

Foi assim que, no concurso seguinte, passei a pontuar também em Comercial, e uma boa pontuação. Nesse concurso, tirei algo em torno de 67 ou 68 pontos. O aumento considerável foi não só porque aprendi a gostar de Direito Comercial, mas também porque continuei estudando as outras matérias e, como já vimos, o conhecimento apenas se agrega.

> "Você não gosta de uma matéria porque a aprende.
> Você aprende a matéria porque gosta dela.
> Se você quer começar a aprender uma matéria,
> comece por aprender a gostar dela."

3.3. Curiosidade, perguntas e respostas

Ao estudar, experimente sempre se fazer algumas perguntas importantes. Se não conseguir respondê-las, procure ajuda de um especialista – o professor, por exemplo –, ou busque a resposta nos livros e apostilas.

Como isso funciona?
Por quê?
Qual a utilidade disso?
Qual é a efetiva aplicação desse material?
O que é mais importante aqui?
Qual é a importância disso para mim?
O que meu interlocutor – professor, amigo, contendor etc. – está querendo?
Vale a pena investir tempo nisso?
O quanto eu preciso aprender desse assunto?
Quem disse isso?
Onde eu aplico isso?
Quando (em que ocasião) isso vai ser útil?

A curiosidade é a mãe do aprendizado, desde descobertas até as últimas novidades. Fazer perguntas e procurar respostas é o que distingue a alma inventiva da mediana, o estudioso do aluno passivo. Você não precisa, necessariamente, fazer todas estas perguntas para seu professor, mas deve fazê-las para si próprio, e procurar respostas. Albert Einstein disse: "*A coisa mais bonita que podemos experimentar é o misterioso*".

Cultive o desejo de ver, saber, informar-se, desvendar, alcançar, o interesse de aprender, conhecer, investigar determinados assuntos; procurar coisas novas. Este sentimento de pesquisador, desbravador, cientista é que abre as portas e comportas do cérebro para novos conhecimentos e uma infinidade de novas informações e conexões.

Quando você estiver em algum curso, portanto, não se avexe, intimide ou envergonhe de fazer perguntas aparentemente tolas, pois a única tolice é não querer aprender e não se empenhar para isso. Cursos são lugares feitos para se aprender e a dúvida e o erro fazem parte desse processo.

3.4. Concentração

A atenção não é o primeiro momento cerebral ("*eu vou ficar atento*"), o primeiro momento é a importância ("*eu dou importância, logo ficarei atento*"). Se você não se importa ou não dá a devida importância a um determinado assunto você, certamente, não dará atenção bastante e irá subutilizar seu potencial de estudo e aprendizagem.

O cérebro emocional não trabalha por convencimento, por exemplo, dizendo-se "*não gosto, mas vou estudar*"; a programação deve ser "*vou estudar porque gosto*".

Há pessoas capazes de fazer o chamado multiprocessamento: estudam, veem TV e conversam ao mesmo tempo, e com razoável sucesso. Isto, contudo, não é muito frequente e, nem mesmo o mais indicado. O ideal é ter concentração e atenção a uma tarefa de cada vez. Se uma pessoa consegue fazer duas ou três coisas ao mesmo tempo, imagine o quanto não renderia se usasse todo esse potencial apenas para o estudo. Sempre que enviam mensagens sobre concentração e multiprocessamento ou multitarefas, lembro-me da história do pato. O pato é um animal que anda, voa e nada, mas acaba realizando todas essas tarefas mal. Portanto, não seja um pato, não prejudique seu estudo por acreditar que consegue fazer mais de uma coisa ao mesmo tempo. Nos estudos ou você é galinha, ou águia.[12]

3.5. Noção de agregação cíclica e da teoria do quebra-cabeça

No aprendizado e na memorização, duas noções são preciosas.

1ª) Inexistem limites para a capacidade de aprendizado. É errado pensar que o cérebro irá "encher". Substitua esta ideia pela de que "*saber não ocupa espaço*".

A memorização é tanto mais fácil quanto maior o número de informações disponíveis no cérebro, pois quanto mais informações mais conexões do conhecimento poderão ser feitas.

Ou seja, quanto mais estuda e agrega conhecimentos, mais fácil é para seu cérebro reter novas informações. Você aprende mais e memoriza melhor quanto mais exercita seu aprendizado e memorização.

[12] Para saber mais sobre que tipo de concurseiro você é, acesse: <http://www.williamdouglas.com.br>.

2ª) Aprender se assemelha a montar um quebra-cabeça.

O aprendizado, quando feito de forma organizada, pode ser comparado a montagem de um quebra-cabeça, onde cada nova peça juntada acelera em progressão geométrica o resultado pretendido. Se uma peça leva dois minutos para ser encaixada, a próxima levará menos tempo, e assim por diante até a resolução do enigma.

A partir do momento em que isso for compreendido será mais fácil ultrapassar as fases da agregação de novos conhecimentos. Imagine a quantidade de conhecimento que você quer alcançar como se fosse um grande *puzzle*.

3.4.1. Concentração: fases

A concentração, como já disse, é como a montagem de um quebra-cabeças e existem algumas fases que devem ser observadas. Fases de montagem de um quebra-cabeça e do estudo de uma matéria:

1ª fase – "olhar o todo"
2ª fase – "desagregação"
3ª fase – "primeiros encaixes"
4ª fase – "próximos encaixes"
5ª fase – "sucesso"

1ª FASE: OLHAR O TODO

Para montar um quebra-cabeça a primeira coisa que você deve fazer é olhar a imagem que será montada, se você pode primeiro olhar o quebra-cabeça montado, será muito mais fácil montá-lo depois de embaralhado. Mas no caso das matérias, como ver o quebra-cabeça montado? Estudando os princípios de cada matéria, as fórmulas e conceitos básicos, lendo livros resumidos, obras bem elaboradas e finas, esquemas e, inclusive, lendo várias vezes (até assimilar) os índices dos livros um pouco mais complexos. Procure sempre as ideias principais do texto, isto facilita o estudo.

Também é interessante que, ao iniciar o estudo de cada uma das partes, você revise a estrutura do todo, encaixando a parte a ser estudada dentro do todo. É isso que você faz quando, em um quebra-cabeça do mapa-mundi, começa a encaixar as partes de cada um dos continentes entre si.

Atentar para os detalhes. Aqui, a coisa se inverte: o conhecimento adequado da parte facilita o conhecimento do todo. Se você conhece os contornos do mapa do Brasil, fica mais fácil completar a América do Sul. Use isso em seu favor. Estude o todo e parta para a parte. Ao estudar a parte, faça-o da melhor maneira possível, sabendo que aquele pedacinho vai otimizar o aprendizado do resto da matéria. Isto é "atentar para os detalhes". Às vezes lembrar-se de uma parte é o que fará com que recorde de tudo, trata-se da técnica do fio da meada, sobre a qual falarei posteriormente.

2ª FASE: DESAGREGAÇÃO

O próximo momento é o da desagregação. As peças, centenas ou milhares, estão embaralhadas, misturadas, até mesmo desconhecidas. Olhando de longe, parecem um monstro, uma pilha de coisas incompreensíveis, tanto que nem dá vontade de tentar.

Porém, é assim que o jogo funciona. E, se quer jogá-lo, tem de começar já. O mais interessante é o fato de você saber que, apesar de embaralhadas, as peças possuem relação entre si: existe uma solução, uma forma, existem encaixes e, à medida que forem ocorrendo, as coisas irão naturalmente se descomplicando. Na desagregação reside e respira, imponente e majestosa, a solução do problema. A resposta está ali, basta achá-la.

De fato, toda pergunta ou problema traz consigo sua resposta e solução.

Sempre que se começa a estudar alguma coisa, surge uma espécie de confusão inicial, uma sensação de que não se sabe nada ou, até, de que quanto mais se estuda mais se confunde. Esta fase passa, mas sem se passar por ela não se aprende. É preciso persistir mesmo quando as coisas parecem difíceis.

Entenda a fase da desagregação como parte do processo de aprendizado. Confusão, dúvidas, alguma ansiedade diante do desconhecido, tudo isso faz parte do estudo. Só quem não começa não passa por ela e quem passa por ela se torna competente. Transforme a sensação de confusão e dúvida em curiosidade e desejo de aprender. Lembre-se que do caos surge a luz.

3ª FASE: OS PRIMEIROS ENCAIXES

Os primeiros encaixes, isto é, as primeiras peças que se juntam, consomem um grande período de tempo, quase que certamente o maior de toda a montagem do quebra-cabeça. Se você tiver 500 peças, verá que as primeiras 250 levarão algo em torno de 80% do tempo total da montagem. Com o tempo as peças começam a se juntar quase "sozinhas".

Isto ocorre no quebra-cabeça e em qualquer outro processo de aprendizado: o crescimento inicia em progressão aritmética, próximo do zero, cresce lenta e gradualmente, depois cresce em progressão geométrica, acelera e explode. Mas a luz só surge se existir persistente trabalho até merecê-la.

4ª FASE: OS PRÓXIMOS ENCAIXES

A partir do primeiro encaixe, a cada novo encaixe a velocidade de progresso aumenta. Ocorre o fenômeno da agregação cíclica. Quanto mais se agrega (conhecimento ou peças), mais fácil será agregar mais.

Encaixe errado. Um dos cuidados a serem tomados é evitar encaixes errados. Quando estiver estudando, preste atenção ao que está fazendo. Não adianta pensar no tamanho da tarefa e descurar-se de cada uma de suas partes. Veja o trabalho que dá, na montagem de um quebra-cabeça, o encaixe equivocado de duas peças, veja o quanto elas atrasam o serviço.

5ª FASE: SUCESSO E PRÓXIMOS OBJETIVOS

Se você não parar de estudar, ou de montar o quebra-cabeça, vai concluir a tarefa. Parabéns!

O interessante é que você logo vai descobrir que a grande graça da coisa é montar, é estudar e aprender. O ser humano gosta de objetivos. Quando você alcançar seu objetivo, vai poder curti-lo... curti-lo... e planejar quais os seus próximos desafios.

> "Procure sempre as ideias principais do texto, isto facilita o estudo."

4. RESUMO

O estudo eficiente é aquele que é feito **sistematicamente** e com **técnica**.

VAMOS REVER OS PONTOS BÁSICOS:

1) ter um objetivo;
2) preparar o caminho (administrar facilidades e dificuldades);
3) aprender a utilizar os seus aliados;
4) planejar e organizar seu tempo;
5) compreender que o estudo é uma atividade dinâmica e criativa;
6) conhecer e utilizar os cinco segredos essenciais do estudo de sucesso;
7) preparar o ambiente.

Agora, passemos para as outras técnicas.

5. MANEIRAS DE AUMENTAR A QUALIDADE DO ESTUDO

5.1. Mudança de paradigma

Se você está acostumado a pensar em uma prova apenas como aluno, aprenda a mudar esse paradigma. Se um médico, um engenheiro, um advogado e um político virem uma ponte ruir e pessoas se ferirem, é possível que haja quatro modos de avaliar o fato: um pensará em socorro médico, outro em qual foi a falha na construção, outro em ações de indenização e o último em mais um ponto de sua plataforma eleitoral. Isso desenvolverá sua objetividade e senso crítico. Veja a prova como se você fosse um dos membros da banca e como alguém que está preparado para superá-la. Assuma novos papéis e uma nova atitude.

5.2. Humildade intelectual

Nunca despreze uma ideia nova ou uma opinião sem meditar e refletir sobre ela. Não despreze ideias por suas fontes, por exemplo, por virem de alguém de quem não gosta ou com quem não tem afinidade, alguém de uma classe social diferente da sua, ou de outra raça, de outra religião, de outro estado, de outro gênero, ou de outra qualquer coisa. Avalie as ideias pelo seu valor e não pela sua origem ou roupagem, ou por como se apresentam e de onde surgem. Seja humilde para aprender e para ampliar as etapas da evolução intelectual.

> ***O maior obstáculo ao progresso não é a ignorância e sim a ilusão do conhecimento.***
>
> Daniel Boorstin

5.3. Resumos e cores

Ao estudar faça resumos, esquemas, gráficos, fluxogramas, anotações em árvore, comentados a seguir. Organize-se para periodicamente, ao estudar a matéria, reler os resumos que tiver preparado. Uma boa ocasião é fazê-lo a cada vez que começar a estudar a matéria. Quando o número de resumos for muito grande, divida-os de forma que de vez em quando (semana a semana ou mês a mês) possa dar uma "passada" por eles. Essa revisão servirá para aumentar de modo extraordinário seu aprendizado e memorização.

O uso de mais de uma cor em suas anotações é proveitoso, pois estimula mais a atenção e a sua criatividade. Alguns alunos gostam de correlacionar cores com assuntos ou com referências. Por exemplo, o que está em vermelho são os assuntos mais "quentes" para cair, o que está em azul são exceções, princípios na cor verde, e assim por diante. Dessa forma, as cores também funcionam como uma espécie de ícone.

Uma técnica de memorização que também utiliza cores são mapas mentais.[13]

[13] Para saber mais sobre Mapas Mentais, acesse: <http:// www.williamdouglas.com.br> e leia meu livro sobre essa técnica, escrito em coautoria com Felipe Lima: *Mapas Mentais e Memorização*.

5.4. SQ3R

Morgan e Deese (1969, p. 35) mencionam estudos feitos pela Universidade de Ohio nos quais se identificou aquele que seria o melhor método de estudo: o SQ3R. Nesse sistema nós reaprenderemos a ler, agora não mais em um passo, mas em cinco. Por demorarmos mais tempo para ler com o SQ3R, aparentemente estará havendo "perda" de tempo. Mas isso é só aparência. Embora se leve um pouco mais de tempo, o ganho de fixação é tão superior que compensa com sobras o esforço de aprender esta nova dinâmica de leitura, em fases. É claro que o leitor só usará este sistema quando achar conveniente, ficando ele como mais um recurso disponível.

As duas primeiras fases (S e Q) servem para aguçar a curiosidade mental e dar uma noção do que se busca, servem para "abrir" o cérebro e "arar" a terra onde serão lançadas as novas informações.

As três fases seguintes (3R), que correspondem a três formas diferentes de se ler, equivalem a três momentos de fixação cerebral, um complementar ao outro.

O conjunto facilita o estabelecimento mental de relações e associações, a apreensão, a memorização e a "etiquetação mental".

O SISTEMA SQ3R DE ESTUDO

SQ3R	ATIVIDADE	EXPLICAÇÃO
S	SURVEY (Procura)	É um exame prévio do que se procura. Aqui se cria a curiosidade mental sobre o que será estudado. Funciona como uma preparação para o estudo.
Q	QUESTIONS (Perguntas)	É realizar um conjunto de perguntas a serem respondidas. É se questionar sobre o que se quer aprender ou buscar.
1º R	READ (Leitura)	É ler o texto para ter noção global. É uma leitura rápida, sem preocupação com a compreensão total. É um "sobrevoo" pelo texto.
2º R	READ (Leitura)	A ideia aqui é a leitura "normal". Nesse ponto já se pode ler com mais calma e procurar entender o livro através de conceitos pessoais.
3º R	REVIEW (Revisão)	Significa rever o texto, verificando-o e procurando fixar os pontos mais importantes e ver se foram sublinhados os pontos principais.

Revisando o sistema:

1º – Defina o que você está procurando ou quer aprender.

2º – Formule perguntas e questões.

3º – Leia o texto rapidamente, prestando atenção aleatoriamente a termos isolados, lendo os títulos e subtítulos, reparando as figuras, as notas, os termos em negrito. Essa leitura é um "voo geral" sobre o que será lido em seguida.

4º – Leia de forma tradicional, com atenção, e, se quiser, sublinhe o que achar mais importante.

5º – Releia o texto, revisando o que for mais importante. Veja se respondeu às perguntas formuladas de antemão. Reforce os pontos de menor fixação.

Mais detalhes sobre as fases do SQ3R

Nos dois primeiros momentos, valorize a mentalização do título, do assunto, da capa do livro, de forma a facilitar a "etiquetação" mental.

Fixe um momento para saber o que se procura e qual será sua utilidade.

Formule perguntas sobre o que se sabe, o que vai ser tratado, o que se quer aprender. Prepare perguntas a serem respondidas. Levante dúvidas. Isso "abre as portas" para a matéria que virá em seguida.

Na **primeira leitura**, procure apenas a ideia principal, detalhes importantes que sejam rapidamente captados, veja "qual é o lance". Essa primeira leitura é rápida, "descompromissada", sem a preocupação com a compreensão total. É um voo sobre uma floresta antes de descer para caminhar por ela.

Na **segunda leitura** faça uma análise melhor, a leitura tradicional, comece a tirar suas conclusões pessoais, a criticar, concordar, anotar, sublinhar etc. Esta leitura é o passeio a pé pela floresta.

Na **terceira leitura**, você já pode sintetizar, resumir etc. Aqui você utilizará e melhorará eventuais anotações rápidas feitas na segunda leitura. Ao final dela você já deverá sentir-se apto a fazer uma explanação sobre o tema. Essa leitura é aquela onde se anota o que ficou de mais emocionante ou importante da visita à floresta, é aquela onde você, novamente do avião, registra os pontos mais bonitos, onde existe esta cachoeira, aquela nascente ou aquela árvore fenomenal etc.

Após terminar o estudo pelo SQ3R, pegue o questionário previamente preparado e veja se já pode respondê-lo. O que você responder é o que já foi fixado. Procure em seguida as respostas para as perguntas que não tiver respondido, o que servirá como excelente forma de aprender e fixar a matéria.

5.5. Estudo por fases

Um provérbio chinês diz que a maior das caminhadas começa com um único passo. Ninguém corre uma maratona dando saltos de 200 em 200 metros, é passo a passo, por 42 km. No Japão, a faixa preta é a terceira faixa, após a branca (iniciantes) e cinza (iniciados). No Ocidente foram criadas várias faixas (azul, amarela, laranja, verde, roxa, marrom e, finalmente, a preta), pois deste lado do planeta não existe tanta consciência da disciplina e da espera pelos momentos adequados para se galgar um novo degrau. A presente técnica apenas procura lidar com esta característica humana e, mais ainda, ocidental.

Não devemos preocupar-nos com o tamanho da tarefa, nem ainda nos assustarmos com a quantidade de matéria. É só irmos passo a passo (*step by step*) e, de preferência, marcar metas intermediárias.

Se você quer ler 120 livros em um ano, leia 10 livros por mês ao invés de ficar ansioso com o tamanho total da tarefa e acabar não lendo livro algum. Se você ler 10 livros em janeiro, você cumpriu uma meta, já teve um sucesso parcial (o que era para se ter naquele período).

Se você não estabelecer metas intermediárias, há o risco de ler os 10, ou 15 livros em janeiro e ainda assim se desanimar pensando nos que ainda faltam!

Para começar a estudar, escolha um bom livro de cada matéria, de preferência de um autor respeitado e com o qual você se identifique (p. ex., goste do jeito de ele redigir). A primeira meta será ler um livro de cada matéria. Só depois parta para a próxima meta, que será reler o livro ou ler outro.

Se você faz cursos preparatórios, de matérias específicas ou módulos, faça resumos e reveja-os periodicamente.

Não se preocupe demais com as coisas. Estude sempre e estude bem, vá por partes, "coma o mingau pelas beiradas", vá montando o seu quebra-cabeça com calma juntando primeiro as bordas e quinas, fique frio (*keep cool*). Devagar também é pressa, como dizia minha mãe. Desde que se não pare e que se vá devagar, mas pisando firme.

5.6. Ambiente de estudo

Manter um bom ambiente interno e externo de estudo e fazer intervalos são dois cuidados muito importantes para melhorar seu rendimento e resultados. Por isso, não deixam de ser uma "técnica" para o estudo render mais. Veja sobre isso no Capítulo 8.

5.7. Como ter o domínio do conhecimento: os objetivos operacionais

O raciocínio demanda domínio do conhecimento, pois quanto mais se tiver este, mais fácil será aquele. O raciocínio, já vimos, é a capacidade de crítica, avaliação e julgamento, sendo o ápice, o topo do processo de domínio do conhecimento. Para chegar a esse patamar o estudante deve desenvolver progressivamente suas habilidades e isto se faz através de objetivos operacionais. Todo estudo autônomo ou dirigido deve buscar objetivos operacionais, ou seja, tarefas objetivas que o estudante/aluno seja capaz de realizar após a sessão de aprendizado. Não adianta estudar e, ao final, não ser capaz de fazer nada com as informações obtidas. Quando o estudante consegue "fazer" coisas, ele alcança o estágio ideal, chamado de domínio cognitivo.

Existem seis etapas no processo do domínio cognitivo (do conhecimento), como ensinam Johnson & Johnson (1971). São seis fases lógicas, de modo que, se o estudante começar por elas, terá mais facilidade de se desenvolver. Eis as seis fases:

FASES DO DOMÍNIO COGNITIVO

1ª) **Conhecimento** – você repete o que a memória fixou. É a fase mais simples.

2ª) **Compreensão** – exige memória mais um certo grau de interpretação.

Reflete memória + vivência.

3ª) **Aplicação** – você precisará empregar o conhecimento.

Exige memória + vivência + uso.

4ª) **Análise** – exige reflexão sobre o uso. Você irá analisar e criticar o que ocorreu. Exige memória + vivência + uso + reflexão.

5ª) **Síntese** – é um momento mais evoluído e complexo. Aqui você internaliza os conhecimentos, aplicando regras e começando a desenvolver conceitos próprios. É uma fase mais evoluída da interpretação. Na fase 2 se interpreta o que existe; aqui a interpretação passa a ser criativa e elaborativa. Você planeja, cria, constrói. Exige memória + vivência + uso + reflexão + construção.

6ª) **Crítica ou avaliação** (julgamento) – você é capaz de assumir posicionamento crítico diante das coisas. Se o momento anterior é de raciocínio e criatividade interna, este é o de raciocínio e criatividade externa, pois o aluno coloca no mundo (para fora) sua capacidade de analisar e, em seguida, resolver problemas.

O progresso em cada uma das seis fases é verificado através da ação que a pessoa é capaz de realizar. Exige as fases anteriores + capacidade de julgamento.

FASES		O QUE ABRANGE	VERBOS	a pessoa DEVE SER CAPAZ DE:
1	**Conhecimento**	Informação verbal	Definir, repetir, recordar, enunciar	Dizer coisas, repetir ou relatar aquilo que aprendeu
2	**Compreensão**	Informação verbal + Habilidade motora	Traduzir, discutir, explicar, identificar, narrar, transcrever	Fazer algo com a informação e com o uso do corpo (falar, fazer, escrever, desenhar etc.)
3	**Aplicação**	Habilidade intelectual + Habilidade motora	Interpretar, esboçar, empregar, praticar, demonstrar	Fazer e pensar sobre o que está sendo feito. É mais do que ter a informação, é pensar sobre ela
4	**Análise**	Conjunto de habilidades intelectuais	Comparar, criticar, distinguir	Examinar, comparar, experimentar, analisar etc.

5	**Síntese**	Conceito + Aplicação de regras (Há a resolução de problemas em um momento interno)	Planejar, organizar, dirijir, compor, coordenar	Esquematizar (reunir, organizar etc.) e saber como solucionar os problemas aplicando as regras conhecidas ou criando novas soluções
6	**Crítica / avaliação**	Resolução de problemas (em atitudes e ações externas)	Julgar, avaliar, escolher, valorizar, selecionar	Resolver problemas e tomar decisões no meio social com base em regras conhecidas ou com criatividade

Obs. 1: Se você fizer tudo isso, sua memorização do estudo será espetacular. Experimente, ao estudar, fazer uma prévia relação de quais são seus objetivos operacionais: o que você quer ser capaz de fazer após o estudo. Procure utilizar verbos das seis colunas, nessa ordem. Ex.: Quero ser capaz de nomear os conceitos, descrever as qualidades etc.

Obs. 2: Para fazer perguntas utilize as seis perguntas básicas para se raciocinar sobre um tema:
QUEM?, O QUÊ?, COMO?, QUANDO?, ONDE?, POR QUÊ?

“Feliz é o homem que acha sabedoria, e o homem que adquire entendimento; pois melhor é o lucro que ela dá do que o lucro da prata, e a sua renda do que o ouro.”

Provérbios 3:13,14

“O saber ensoberbece, mas o amor edifica. Se alguém julga saber alguma coisa, com efeito, não aprendeu ainda como convém saber.”

I Coríntios 8: 1 e 2

Capítulo 12

TÉCNICAS DE ESTUDO DE ACORDO COM AS CIRCUNSTÂNCIAS

> Obstáculos são aquelas coisas assustadoras que você vê quando deixa de focalizar suas metas.
>
> Anônimo

1. TÉCNICAS DE ESTUDO DE ACORDO COM CIRCUNSTÂNCIAS ESPECÍFICAS

Devemos sempre estar preparados para o estudo, qualquer que seja a situação. Isto inclui as técnicas específicas para o estudo:

sozinho
em grupo
em aulas e cursos
específico para concursos

Há pessoas que estudam apenas sozinhas e têm sucesso em concursos. Embora isso não seja incomum, a maioria estuda também em grupo e/ou em cursos. Por fim, deve-se atentar para o fato de que o estudo para concursos tem algumas peculiaridades que não devem ser esquecidas.

Não existe uma fórmula ideal para o estudo. A melhor maneira de estudar é aquela que decorre de nossa individualidade e das circunstâncias. Sendo possível, contudo (é uma boa ideia), faça uma conjugação do estudo individual, em grupo e em cursos, pois todos possuem seus benefícios. Mas o mais importante, não deixe de estudar!

2. O ESTUDO SOZINHO

Ninguém pode prescindir de uma parcela de estudo individual que, inclusive é um dos maiores impulsionadores de aprovações. Há quem seja aprovado apenas estudando sozinho, mas ninguém é aprovado sem uma boa parcela de estudo individual.

Um princípio do individualismo diz que: *você pode amarrar dois pássaros e, mesmo tendo quatro asas, eles não voarão*. Há horas em que o estudo em grupo ou em cursos é produtivo, mas você deve estar preparado para, se preciso, voar sozinho.

No estudo individual tem grande peso a dedicação e a disposição para estudar com constância, realizar as tarefas de casa e treinar o máximo possível. Mesmo que você não assimile todas as técnicas de estudo de início, a aplicação de algumas já melhorará seu desempenho e, aos poucos, irá incorporando as demais ao seu sistema pessoal.

No estudo individual é preciso muito cuidado na montagem do cronograma de estudo e para estudar todas as matérias do programa da prova. Tanto quanto possível, é valiosa, ao menos de vez em quando, uma aferição do próprio nível, através de provas, simulados ou de participação em concursos. Isto evita que fique como um eremita, isolado das coisas que estão acontecendo no mundo, nos concursos etc. Há pessoas que, por já estarem em um nível mais adiantado, preferem estudar sozinhas e, uma vez ou outra, matricularem-se em cursos preparatórios para uma revisão e atualização interagindo com os professores e colegas.

Hoje é possível interagir com professores e, ao mesmo tempo, estudar sozinho através das modalidades de cursos on-line e telepresencial. Estas são modalidades boas, pois reúnem a vantagem de ter um professor e o conforto e praticidade de poder estar em qualquer lugar e no horário mais conveniente. Antes de adquirir um curso on-line, verifique se terá algum canal de comunicação com o professor para eventuais dúvidas. É sempre importante poder contar com o professor para esclarecer pontos que não ficaram tão claros da matéria.

Há quem goste mais de estudar em grupo ou em cursos, mas isso nem sempre é possível, o que exige a capacidade de estudar de uma forma ou de outra. De qualquer forma, estudar sozinho é uma necessidade.

3. O ESTUDO EM GRUPO

O estudo em grupo pode ser muito proveitoso se for permeado por disciplina bastante para não virar encontro social ou reunião de conversa. Quem não passou por uma situação de reunião de grupo em que um integrante ou outro só queria conversar ou lanchar? Um bom estudo em grupo começa com a formação da "equipe": devem participar pessoas que realmente estejam envolvidas com a obtenção do resultado, de forma responsável e otimista.

Se for possível e se este sistema agradar-lhe, reúna outros candidatos para estudar. O melhor sistema é aquele onde o grupo tem reuniões periódicas e não apenas eventuais. Cada integrante estuda previamente e sozinho o tema escolhido, depois o grupo encontra-se e discute a matéria, tiram-se as dúvidas e, por fim, decide-se qual será o próximo tema. Cada participante do grupo pode dar aulas para os outros (isto ajuda na fixação) e um corrigir as provas do outro.

Outra opção é que a cada semana um dos participantes dê aula sobre um determinado tema para os demais. Dar aulas é uma técnica de estudo conhecida e consolidada. Mas é importante que todos estejam preparados para a aula, a fim de poderem discutir, questionar etc.

> "Não se compare com os outros: compare seu rendimento atual com o anterior."

4. O ESTUDO EM AULAS E CURSOS

Neste item trataremos do estudo em aulas, considerando qualquer sala de aula (escolas, colégios, cursos de idiomas, universidades etc.) e em cursos, considerando os cursos preparatórios ou, como comumente os chamamos, os "cursinhos", aqueles direcionados à preparação para provas e concursos (vestibulares, concursos públicos etc.). Não estou falando aqui, propositalmente, sobre modalidades on-line e telepresenciais que incluí no estudo sozinho.

No caso dos vestibulares e concursos públicos, participar de cursos preparatórios é uma opção. Mas, será que ela vale a pena? A resposta é: depende.

Em princípio, a resposta é sim, porque os cursos, em geral, oferecem bons professores, pesquisa de temas e questões relativas às provas, cronograma, dicas e macetes, material de estudo específico, aconselhamento etc. que podem ser boas ajudas e de grande valia para o aprendizado e preparação para concursos.

A resposta também pode ser não: muitos frequentam os cursos sem se dedicarem ao estudo, outros só por desencargo de consciência, por pressão de parentes ou das circunstâncias. Isto não é produtivo, não adianta.

Em suma, um curso preparatório é um importante e útil aliado, quase sempre muito válido e aconselhável caminho para melhorar sua preparação. Contudo, quem não tem condições de custear o curso (ou conseguir um desconto ou bolsa) nem por isso estará impedido de ter sucesso. Pelo contrário, estatisticamente há mais aprovados que não fazem cursinho do que aqueles que fazem. Além disso, participar de um curso não é a solução final para o problema. Simplesmente estar matriculado ou frequentando um curso não faz ninguém passar. O que faz o aluno passar é a sua dedicação e o estudo com qualidade. Para isso, os cursos ajudam muito, mas a maior diferença quem faz é o próprio aluno com seu comprometimento e, por que não dizer, esforço individual.

4.1. Alguns cuidados em aulas expositivas

Aqui estamos englobando todo tipo de aula expositiva, presencial ou virtual. Não despreze a utilidade de ouvir as novidades, a opinião do professor, tendo um método de exposição da matéria. O próprio curso e o professor procuram dar o programa todo, de modo que o auxiliam a cobrir os pontos necessários. Se estiver em uma aula presencial, peça para que o professor/curso aborde todos os pontos do edital, mas, se isso não for possível, não deixe de estudá-los em casa. Se optar por um curso on-line, escolha aquele que já preveja o estudo de todo o edital.

Estar em sala e ficar fazendo desenhos no caderno não adianta. Botar a aula para começar e ficar no WhatsApp ou no Facebook também não. Preste atenção na aula ou, em último caso, releia a matéria que perdeu ou reassista a aula. No caso do curso on-line/telepresencial, não se deixe convencer pela facilidade de "o curso estar sempre ali para mim", estude com atenção e concentração e destine tempo para aquela aula, evite interrupções!

> ***Se você acredita que pode, ou se acredita que não pode, você está certo.***
> Henry Ford

4.2. Cuidados na preparação para a aula

Para melhorar, existem algumas coisas que podemos fazer e outras que devemos evitar. A seguir, farei essas distinções.

PROCURE

1) Utilizar técnicas de estudo.
2) Ser pontual e assíduo. Isso também vale para o conteúdo *on demand*! Nesse caso, a pontualidade é não enrolar para começar a assistir a aula.

3) Respeitar o horário de término dos intervalos, não prolongar as conversas com colegas ou ficar perdido em redes sociais ou outras distrações.
4) Manter a atenção e a concentração.
5) Ter, tanto quanto possível, o material didático recomendado (livros, apostilas, códigos, tabelas, calculadoras, fichas etc.) e o "material de escritório" (caneta, lápis, borracha) organizado e à mão.

EVITE

1) Quando em uma aula presencial, conversar assuntos alheios a ela durante o seu transcurso.
2) Seja na aula presencial ou on-line, ficar pensando em assuntos alheios à aula. Há alunos que pensam nas contas, no futebol, em namoro, na paisagem, na roupa das pessoas, no que vão fazer depois da aula, no que poderiam estar fazendo, enfim, em tudo menos na matéria. Isto não é produtivo.
3) Ficar "julgando" o professor e/ou os colegas. É muito comum alunos quererem dar "veredictos" sobre tudo, desde a competência do professor até a capacidade do colega de passar ou não no concurso. Julgue apenas a si mesmo e a sua atitude diante da matéria.
4) Aquela mania de, quando perder a concentração, sair da sala/pausar o vídeo para tomar um café ou tomar uma água. Isto só piora a assimilação. Mantenha uma garrafa de água à mão, se quiser, e deixe o café para o intervalo.

Dica: Revisões

É muito útil fazer a revisão das aulas. Esta é a hora para repassar a matéria, fixar os pontos essenciais, melhorar (complementar) as anotações, levantar dúvidas e perguntas, respondendo, ao menos para si, tais questões. É a fase de "ruminação" do 3º R do SQ3R e a fase de recitação ou repetição, que é um dos métodos para memorização. As revisões ajudam muito na memorização.

5. O ESTUDO DIRIGIDO PARA CONCURSOS

O requisito zero é superar o imediatismo. As providências "iniciais" abaixo descritas pressupõem que o candidato tenha seguido os passos anteriores, isto é, tenha realmente atentado para o conteúdo dos capítulos que passaram.

Como começar? Esta é uma pergunta comum. Comece assumindo uma atitude correta, definindo seu objetivo, organizando sua vida, planejando seu tempo e aprendendo a estudar. Depois, de posse do seu tempo disponível para o estudo das matérias que serão exigidas, divida seu tempo e comece a estudar. Adquira ou peça emprestado o material básico para o estudo (livros, apostilas etc.). Comece pelos livros mais simples e fáceis de entender, pela legislação e pelos princípios da matéria a ser estudada. Resumos são excelentes nessa etapa. Com o tempo, aprofunde o nível do estudo, momento em que textos comentando a disciplina são os melhores. Se possível, participe de cursos preparatórios. Procure aliar-se a pessoas que tenham o mesmo objetivo, para efeito de ajuda mútua e troca de experiências, evite ficar do lado de pessoas que não acreditam ou não apoiam seus sonhos ou, pelo menos, se não puder ou quiser evitar tais pessoas, foque as conversas com ela em outros assuntos. Comece a realizar provas e concursos, nem que seja só para experimentar. Você precisa e somente assim irá tornar-se um profissional. Mantenha-se em constante atitude de curiosidade e interesse. Procure aprender com os próprios erros e a retirar o máximo de aprendizado da experiência. Lembre-se de que concurso se faz "até" passar e não "para" passar, e de que quem procura aprender a aprender, estuda e persiste, terá sucesso mais cedo ou mais tarde.

Passemos agora a analisar esses cuidados com mais vagar, verificando as providências iniciais a serem realizadas/tomadas em seus estudos

5.1. Mantenha seus documentos em dia

Compre uma pasta e coloque ali todos os seus documentos, diplomas, certificados etc. Providencie cópias autenticadas de seus documentos, deixando-as prontas para quando for necessário. Se o concurso tem pré-requisitos, como uma certidão de tempo de serviço ou de estágio, tenha-os à mão. De preferência, entregue cópias autenticadas, guardando na pasta os originais. Apenas as certidões negativas dos distribuidores necessitam ser tiradas em período próximo ao do concurso e, mesmo assim, o normal é sua exigência apenas após as provas de conhecimentos. Então, não se preocupe com isso. Uma boa ideia é ter uma pasta com as cópias dos documentos em seu computador também, dessa forma poderá imprimir quando necessário.

5.2. Crie sua biblioteca

Adquira os livros básicos para seu preparo. Se não puder fazê-lo, providencie uma forma de estudar, através de bibliotecas, escritórios de amigos ou conhecidos etc. É muito raro encontrar alguém que não tenha boa vontade com um candidato esforçado e que quer estudar. Mais uma dica: se comprar um livro, leia-o; se não for lê-lo, não compre. Utilize a internet como biblioteca virtual (ver sites no Capítulo 5, item 7), mas nunca lance mão de cópias piratas ou que violem o direito autoral do professor, isso também vale para o sistema de vaquinhas coletivas de materiais de estudo que acabarão distribuindo cópias ilegais dos livros adquiridos.[14]

[14] Mais sobre o tema, confira meu artigo "E os saques continuam. Não poupam nem os professores!" disponível em: <http://www.williamdouglas.com.br/eossaquescontinuam>.

5.3. Dicionário

Tenha um ou mais dicionários de língua portuguesa e utilize-os.

Ao sentar-se para estudar, tenha à mão o Dicionário da Língua Portuguesa e habitue-se a consultá-lo sempre que desconhecer ou tiver a menor dúvida sobre o significado de algum termo. Esse procedimento auxilia tanto o aprendizado da matéria quanto o desenvolvimento de um vocabulário rico, apto a proporcionar uma excelente comunicação verbal e escrita. Se preferir, só consulte o dicionário na segunda vez que ler o texto para primeiro ter uma noção geral do assunto.

Existem bons dicionários on-line e aplicativos, em sua maioria, gratuitos. Use a tecnologia a seu favor!

5.4. Pasta de legislação

Monte uma pasta (física ou virtual) com as normas e materiais básicos direcionados ao concurso que quer realizar. Se o seu objetivo é o concurso para o TRE, por exemplo, deverá separar tudo o que tiver a ver com a Justiça Eleitoral; se o concurso for para outro cargo da área jurídica, tenha em mãos toda a legislação nova que ainda não tiver sido adicionada aos Códigos, e assim por diante. Os próprios órgãos e os cursos preparatórios, em geral, dispõem desse tipo de material. Alguns textos legais estão disponíveis em áudio o que é uma excelente opção para o trânsito.

5.5. Inscrição

Tão logo sejam abertas as inscrições, providencie a sua. Não deixe para os últimos dias: não perca tempo nem dê oportunidade para o azar. Deixe prontos todos os documentos e comprovantes do cumprimento dos requisitos exigidos pelo edital.

A maioria deixa a inscrição, documentos etc. para quase no fim do prazo. Além de arriscar imprevistos, isso prejudica a concentração, pois, de vez em quando, uma das atenções do consciente será a preocupação com esses detalhes.

Procure deixar sua cabeça tranquila para prestar atenção ao estudo. Para isso, tome as providências "administrativas" o mais cedo possível.

5.6. Edital

Uma das primeiras coisas a fazer é estudar o edital do concurso atentamente. Se o estudo é para o futuro ou o edital ainda não saiu, pode começar pelos editais de concursos anteriores. Para conseguir o edital há três caminhos: consultar o Diário Oficial – on-line ou pedir uma cópia em um cursinho, repartição pública, banca de jornal ou na própria sucursal do Diário Oficial –, adquirir publicações específicas (ex.: *Folha Dirigida*) ou no site da instituição organizadora do concurso. Um bom Diretório Acadêmico ou sindicato profissional também tem os editais de interesse dos participantes. Leia o edital todo, mais de uma vez. Leia várias e muitas vezes o programa de matérias, quase até decorar. Olhe o programa mentalizando o valor e importância daqueles assuntos para você alcançar seu objetivo e crie uma curiosidade profunda e sincera de conhecer e entender cada um daqueles temas. Conhecer o edital lhe trará maior tranquilidade e a curiosidade pela matéria servirá como "arar a terra" para o estudo.

5.7. Últimos concursos

As provas dos últimos concursos constituem excepcional fonte de informação sobre o que cai mais, como são formuladas as questões etc. Experimente fazê-las simulando o tempo e material de consulta que o edital permite e depois corrija a prova pelo gabarito ou através de um amigo ou professor, mas sempre conferindo na matéria se o gabarito está correto. Se fizer isso, quando você for fazer a prova terá "experiência" como se fosse um candidato veterano.

As provas de concursos para os mesmos cargos em outros estados também podem ser válidas, assim como as provas de concursos para outras carreiras, mas onde a matéria seja a mesma ou parecida. Se o candidato costuma fazer provas (uma por semana, duas por mês) simulando concursos, poderá adquirir grande experiência.

Quando, de um concurso para outro, a banca examinadora ou a empresa organizadora é substituída, o valor do estudo das provas anteriores diminui, mas não se perde por completo. Vale pelo treino, mas não mais pelo estilo e pela sensação da prova, para se acostumar à nova dinâmica talvez seja o caso de fazer provas de outros concursos realizados pela nova banca.

5.8. Outras fontes de estudo

Além das anotações em sala e dos livros didáticos, é possível utilizar outros materiais. A *Folha Dirigida*, por exemplo, publica Cadernos de Testes e Cadernos de Estudos, que podem ser muito úteis para treino e são facilmente encontrados em bancas de jornal. Ao utilizar livros com questões, prefira aqueles que trazem o gabarito. Sempre confira o gabarito dado pelo autor.

Na Editora Impetus (e em outras também) há bastante material para estudo e treino. Consulte o site. Há boas editoras especializadas e muito material disponível na internet (ver Capítulo 5, item 7).

Com o crescimento dos concursos e a profissionalização dos cursos e das editoras, hoje há bastante oferta de material. Para zelar pela qualidade, consulte seus professores e colegas mais antigos. Se precisar, converse comigo pelo meu site ou redes sociais e com outros concurseiros. Os fóruns, como o do CorreioWeb e Fórum Concurseiros, também têm boas dicas. O site PCI concursos possui vasta coleção de provas e testes antigos que podem tornar-se úteis.

Dica:

Que concurso fazer? Faço só o que desejo? Faço todos?

Esta é a angústia de muitos candidatos. Uma das perguntas recorrentes nas palestras e no contato do site. Para responder, comecemos com uma comemoração: se você tem essa dúvida é porque existem muitas oportunidades! Aproveite essa oferta e agarre a sua.

Contudo, precisamos dar alguma orientação. O excesso de objetivos é um problema sério. Penso que se você tentar fazer todos vai acabar não estudando adequadamente para nenhum. Por outro lado, com tanto concurso acontecendo, seria um desperdício só fazer um ou outro. Como sabem, as provas trazem experiência e "cancha" e, sendo aprovado, o candidato passa a ter um título, mais segurança, a autoestima sobe, a família comemora... e já existirá um vencimento no final do mês para ajudar nos próximos projetos, seja extraconcurso, seja continuar a se preparar para o concurso almejado. A solução é escolher um foco de atuação. Dentro do foco escolhido, recomendo que você vá fazendo todas as provas. O que não é possível é tentar fazer todos os concursos do país.

Como escolher o foco?

Embora não seja o ideal, você pode escolher o que fazer pelo grupo de matérias em que é mais forte. Claro que no "grupo de matérias" é preciso um conjunto mínimo. Não adianta dizer "só gosto de português", pois dificilmente haverá concursos só com esta disciplina nem mesmo os concursos para professor da disciplina exigem apenas o conhecimento da mesma. O que quero dizer é que há matérias que normalmente andam juntas, como português com matemática, com Constitucional etc. A escolha pelas matérias é boa, pois você já vai trabalhar com o que tem mais intimidade ou facilidade. Sempre vai haver uma ou duas matérias em que ainda é mais fraco, o importante é escolher um grupo onde haja mais matérias em que tem facilidade. Depois que passar, se o concurso já lhe satisfizer, ótimo. Caso tenha em mente outro concurso, aproveite o vencimento e a maior tranquilidade para começar a se preparar para o próximo passo, concurso, projeto etc.

A escolha pela carreira é a mais recomendada, pois você terá mais motivação para vencer os obstáculos que estão no caminho do seu sonho. Quais são as matérias que caem no concurso? Será um grupo de 6 a 12, em média. Pois bem, estude todas elas e sempre que abrir um concurso onde o grosso das matérias seja o seu foco de estudo, experimente ir fazer a prova. Assim, você não se perde em multiplicidade de objetivos e em três dúzias de matérias diferentes, mas aproveita as oportunidades.

6. DESCOBRINDO O QUE VAI CAIR

Use sua técnica de estudo e sua inteligência para ter uma "bola de cristal" indicativa do que o examinador vai fazer e perguntar. Verá que não é muito difícil prever quais serão as questões que irão cair na prova especialmente se você tiver em mãos o que caiu no último.

Considerando o concurso em questão, a estrutura lógica, o fim, as necessidades e atividades do cargo, procure ver as questões que sempre caem e as que raramente aparecem. Veja também as que já caíram há pouco tempo, os assuntos do momento, a "história pregressa", a vida e o raciocínio dos examinadores.

Se você treinar, poderá descobrir o que o examinador vai preferir quais são suas estratégias, "cascas de banana" e prioridades. Não é uma atividade de adivinhação, é pensar interativamente, é ser inteligente, é colocar sua capacidade intelectual e sua técnica a serviço de seus objetivos.

Experimente reunir um grupo de amigos candidatos e preparar as questões que irão cair na prova, você verá que o índice de acerto será impressionante. Por força de meu índice de acertos utilizando esta técnica, não é raro que alunos procurem-me para que diga as questões que irão cair em tal ou qual concurso.

Seguem alguns pontos que nos facilitam tal "prognóstico científico":

Bibliografia

Você verá que todo o material impresso produzido pelo órgão e pelos examinadores é uma excelente forma de se descobrir quais são os assuntos do momento e qual a opinião e forma de raciocínio dos membros da banca.

Assuntos do momento

Os assuntos do momento têm grande chance de serem perguntados. Uma das formas de explorá-los é a leitura de noticiários da imprensa e dos órgãos para os quais se pretende concorrer, além de participar de seminários ou cursos.

As leis e normas recém-editadas

Constituem outra fonte constante de questões de prova. Por serem novidade, os próprios examinadores possuem interesse nelas: sua validade, suas aplicações. Assim é mais do que natural que elas sejam objeto de perguntas.

Estatística

Examine as questões dos últimos concursos. Por exemplo, você tem 10 provas do concurso para TRE ou para Polícia Rodoviária Federal. Veja as questões cujo assunto se repete em cinco ou mais provas, esses assuntos são "quentes", os famosos "bizus" ou "macetes" (que, segundo o *Aurélio*, é um *recurso muito engenhoso para se fazer ou obter algo*). Veja os assuntos que caem pouco e que não são indagados há dois ou três concursos: a tendência de serem repetidos é muito grande. Aprenda a descobrir a hora da matéria cair, para estar esperando-a. Essa é a "técnica da emboscada estatística."

Dica 1:

O caminho mais correto de todos é estudar bem **todo** *o programa contido no Edital. Essa é a melhor solução e a que recomendo. Utilize as técnicas de "previsão" apenas como um* plus, *até como diversão.*

Dica 2:

Como você pode perceber, fazer concursos é divertido, instigante, e com observação e inteligência podemos ter ótimos resultados.

"O que as vitórias têm de mau é que não são definitivas. O que as derrotas têm de bom é que também não são definitivas."

José Saramago

"O saber ensoberbece, mas o amor edifica. Se alguém julga saber alguma coisa, com efeito, não aprendeu ainda como convém saber."

I Coríntios 8:1 e 2

Capítulo 13

COMO AUMENTAR O RENDIMENTO EM PROVAS E CONCURSOS

> A diferença entre o sonho
> e a realidade
> é a quantidade certa de
> tempo e trabalho.
>
> William Douglas

1. A SUA ATITUDE

Antes de mais nada, recorde-se de tudo o que já foi dito até aqui a respeito de atitudes, prazo para passar e otimização. Com isso na bagagem, seu desempenho em provas irá crescer. Logo de início, vamos tocar em alguns pontos de grande influência, que não precisam ser decorados. Basta que você assimile a ideia de cada um deles.

Aumentar o desempenho em provas depende de **atitudes e técnicas**. **A atitude é a primeira técnica para fazer uma boa prova**. Por motivos didáticos, contudo, falarei primeiro sobre **atitude para a prova** e, em seguida, sobre (as demais) **técnicas de fazer provas**.

AUMENTO DE DESEMPENHO
boas provas = atitude + técnica

1.1. Atitude

Devemos cuidar de três aspectos: atitudes, comportamentos e resultados. Atitude é o que está em sua mente (o campo onde as batalhas são vencidas), comportamentos são as coisas que você faz (as técnicas que ensinarei neste capítulo vão ajudá-lo) e os resultados são a consequência do que você faz ou aperfeiçoa. A mudança de atitude deve gerar mudança de comportamento e, quando você muda seus comportamentos, propicia mudanças em seus resultados.

A atitude para fazer a prova é essencial. A maior parte dos candidatos acredita que uma prova é um momento ruim, de problemas e que causa frustrações. Naturalmente, para esta pessoa a prova tenderá a ser... exatamente isto. Outras pessoas, os candidatos que, por natureza, preparação ou treino, já estão mais aptos a vencer uma prova, olham o "fazer provas" com naturalidade, calma, simplicidade ou, no melhor dos casos, como uma excelente oportunidade, um privilégio. Quem percebe a prova como oportunidade e privilégio faz uma prova muito melhor. E, para tanto, basta tomar ciência da realidade, realidade esta que vamos rever agora.

Se você quiser melhorar seu desempenho em provas, lembre-se que:

1. Seu **desempenho** é influenciado por seu **passado**;
2. As **técnicas** aumentam a nota, qualquer que seja seu estágio de **preparação** e **conhecimento**;
3. O **resultado** da prova, qualquer que seja ele, é o ponto de **partida** para seu **sucesso**;
4. O **paradigma** correto é **essencial**.

Mas, para compreender como cada um desses elementos influenciam na hora da prova, falarei a seguir sobre cada um deles em particular.

VEJAMOS:

1. **Seu desempenho é influenciado pelo passado**

Para ter um acréscimo de rendimento em provas, é evidente que o candidato deve se preparar antes. A prova é o dia de colher aquilo que você vem plantando com tanto esmero. Se a colheita for ruim, bastará mudar seu processo de semeadura, as sementes, a forma de trabalhar o que for preciso para ter um colheita vasta.

Dito isso, o primeiro passo para uma boa prova é preparar-se bem. Se você se preparou, relaxe; se não se preparou, faça a prova da melhor forma que puder e comece a se preparar melhor para a próxima.

2. As técnicas aumentam a nota, qualquer que seja seu estágio de preparação e conhecimento

Desde 1998, venho fazendo palestras sobre técnicas de estudo, em todo o país e em todos os níveis socioeconômicos, e tenho confirmado que apenas uma minoria bem pequena aplica as técnicas de prova. Quem as aplica faz uma prova muito melhor. Você pode fazer parte desta elite. O interessante é que as técnicas aumentam a nota em um determinado percentual. Daí, quem tiraria 3 sem técnica, tira um 4 ou 5, quem tiraria 6 ou 7, passa para um 8 ou 9. Não importa o quanto você já sabe da matéria: aplicando as técnicas, suas notas aumentam. Daí, amigo, aplique as técnicas!

Não se preocupe em decorar todas. Isso se pega com o tempo. Use, claro, as dicas mnemônicas do item 6, neste capítulo. A cada prova você verá que ficará mais fácil e natural usar as técnicas.

3. O resultado da prova, qualquer que seja ele, é o ponto de partida para seu sucesso

Se você passar na prova, ótimo. Se não passar, lembre que a prova é um laudo pericial que vai lhe dizer onde deve melhorar. Assim, embora resultado do quanto você se preparou e de quanto usou bem as técnicas de prova, um insucesso é mais que um insucesso. Um insucesso em uma prova lhe oferece as dicas para melhorar. Sob esta ótica, mesmo o insucesso é proveitoso para seus planos.

A capacidade de mudar a forma de avaliar um resultado insatisfatório pode ser a diferença entre vencer ou não no futuro. Se você vê o lado ruim, desanima; se você percebe o lado positivo, aprende e amadurece.

4. O paradigma correto é essencial

PARADIGMA ERRADO	→	**"Tenho a obrigação de passar na prova de hoje"**
PARADIGMA CORRETO	→	**"Vou fazer a melhor prova que eu puder hoje"**

A grande maioria vai fazer a prova para passar, mas essa não é a melhor programação para se ter no momento da prova. Trata-se de uma ideia limitante e geradora de ansiedade. Se você vai preparado apenas para passar, não aceitará qualquer resultado diferente e, como já falei várias vezes, reprovações são normais. A ideia de que "concurso se faz não para passar, mas até passar" é importante. Ela se aplica ao conjunto de todas as provas até chegar aonde quer. Ao invés de ir para a prova com a obrigação de passar, procure mudar seu paradigma e se sentir com a **obrigação de dar o seu melhor,** de fazer a melhor prova possível dentro das suas possibilidades, circunstâncias e condições daquele dia. Ninguém pode se obrigar a passar: isto depende de muitos fatores, alguns deles imponderáveis. Como disse, se passar, bom; se não passar, vamos nos preparar para que, na próxima, o seu melhor seja o bastante ou, ao menos, o bastante para chegar mais próximo do seu objetivo.

Se você for capaz de mudar este paradigma, você terá melhores condições psicológicas e emocionais para fazer a prova, o que aumentará seu desempenho, sua nota.

Conclusão

Um candidato que estudou com qualidade e treinou fazer provas, um candidato que não chega com a obrigação de passar, mas para fazer o melhor possível, é um candidato que terá melhor desempenho. Durante algum tempo, suas notas não serão o suficiente para ele passar, mas, quando cumprir a quantidade certa de tempo (maturação e preparação) e trabalho (aprender a estudar, estudar e treinar), ele será aprovado.

Cuidado. Tem gente que não progride, porque está fazendo algo errado, e os casos mais comuns são: não fazer as mudanças necessárias, não pagar o preço, não se organizar, não ser disciplinado, não estudar, ficar enrolando etc. Neste caso, não haverá progresso sensível e pode haver muita frustração. Até quem faz as coisas do jeito certo, ou seja, quem vai melhorando aos pouquinhos e sempre, também vai passar um tempo não sendo aprovado ou não conseguindo entrar na lista de nomeados ou convocados para as próximas fases. Isto é assim mesmo, não desanime. Você verá que, se continuar progredindo e fazendo concursos, a cada dia você irá cada vez melhor nas listas de aprovados, chegando mais perto da nomeação.

Às vezes um pouco menos, às vezes um pouco mais, cada dia, um dia.

E se isto não acontecer comigo? E se não for melhorando?

A falta de resultados pode ser originária do fato de que você ainda não desenvolveu técnicas de estudo e realização de provas o suficiente. Ou porque ainda não deu tempo de colocar toda a matéria na cabeça ou mesmo porque ainda não cumpriu o seu tempo de preparação. Existem alguns fatores que podem levar ao não progresso. Antes de se desesperar, procure mudar alguns detalhes da sua preparação e verificar o que está impedindo seu sucesso.

Se você quer melhorar seu desempenho em provas, chegue até elas com a atitude correta. A aprovação é o resultado de atitude + estudo + treino + tempo de maturação.

> ***"Hoje é outro dia."***
> Mario Quintana

2. FAZENDO PROVAS

A realização de provas exige cuidados específicos para cada momento, que serão objeto de nossa atenção a partir de agora. Cada fase da preparação ou da prova tem suas técnicas. Não se assuste, achando que são muitas: como a técnica ajuda, quanto mais técnicas melhor. Ao final deste capítulo, deixarei um resumo para você utilizar no dia da sua prova.

No momento, relaxe e leia estas dicas sem estresse. Leia curtindo. Afinal, você gosta de fazer provas. Ou não? Espero que goste... pois a gente só faz bem aquilo que curte.

2.1. A técnica da prática: aprenda a fazer, fazendo

Aconselho o leitor a treinar o mais que puder a realização de provas. A experiência constitui um excelente trunfo na hora de um campeonato ou de um concurso.

Estes anos correndo o país me mostraram que pouca gente treina fazer provas. E esta é a grande dica: faça provas. Os cursos que mais aprovam são os que levam seus alunos a treinarem fazer provas, os candidatos que passam são os que treinaram fazer provas.

Para fazer provas, existem duas maneiras: simulados e provas reais. O ideal é que o candidato faça as duas, ou seja, que treine fazer provas e questões e que se inscreva em concursos para a área que deseja.

Para os simulados, recomendo a você resolver questões e provas da matéria que estudou, como forma de fixar o conteúdo você pode fazer provas antigas. Periodicamente, fazer um concurso simulado, reprisando o tempo real da prova, o uso apenas do material permitido e, claro, utilizando provas de concursos anteriores quem sabe você simplesmetnte não passa? Outra dica boa é fazer os simulados filantrópicos cada vez mais comuns nos cursos preparatórios ou simulados *on-line*. Existem também aplicativos com questões que podem ser utilizados como simulados. Vale conferir.

Falemos mais um pouco sobre este importante item.

Vá fazer as provas! Há pessoas que deixam de fazer uma prova por não se considerarem "preparadas" e deixam de adquirir experiência e até mesmo, algumas vezes, ser aprovadas. Mesmo que ainda esteja começando a se preparar, vá fazer as provas. Se for para alguém dizer que você ainda precisa estudar mais um pouco antes da aprovação, deixe que a banca examinadora o faça. Quem sabe o dia da prova não é o seu dia? Asseguro que,

pelo menos, você irá adquirir experiência, ver como está o seu nível, como é estar "no meio do jogo". Ao chegar em casa, confira o gabarito e procure nos livros as respostas: a fixação daquilo que você pesquisar nessa ocasião é sempre muito alta. Analise o gabarito e, se for possível, participe da vista de prova. Se o resultado for abaixo de sua expectativa, não desanime: apenas continue estudando e agregando conhecimentos. A coisa funciona assim mesmo: a gente normalmente "apanha" um pouco antes de começar a "bater".

Treine em casa. Mesmo que você não tenha como fazer as provas, é possível adquirir boa parte dessa experiência em casa, treinando. Reúna provas de concursos anteriores ou comercializadas através de cadernos de testes e livros, separe o material de consulta permitido pelo Edital, consulte o número de questões, o tempo de prova etc. E faça a prova! Tente simular uma prova do modo mais próximo possível daquele que irá encontrar no dia do concurso. Aproveite esses "simulados" para aprender a administrar o tempo de prova. Se os cursos preparatórios oferecerem provões ou simulados, participe.

Treinos especiais. Depois de algum treino, passe a ficar resolvendo mais questões por um tempo um pouco maior (p.ex., uma hora a mais) do que o que terá disponível no dia da prova, o que serve para aumentar sua resistência. Outro exercício é resolver questões em um tempo menor, aumentando a pressão. Por exemplo, se a prova terá quatro horas para 50 questões de múltipla escolha, experimente tentar responder esse número de questões em três horas ou três horas e meia. Em seguida, responda a outras questões até completar o tempo de quatro horas. Se você está acostumado a resolver questões com uma pressão maior do tempo e com uma longa duração (cinco ou seis horas, por exemplo), ficará mais à vontade em provas em condições menos severas. Contudo, à medida que a data do concurso for se aproximando, passe a realizar mais provas simuladas em condições absolutamente iguais às que você irá enfrentar. Desse modo você não terá mais pressão do que o necessário que, unida à tensão da prova em si pode prejudicá-lo.

Provas orais. Se estas modalidades de prova constarem de seu concurso, treine também a realização de provas orais e de tribuna, só ou com o auxílio de familiares, amigos ou outros candidatos. Para esse treino, como dito anteriormente, dê aulas, treine oratória, faça palestras. O que você puder fazer para aproveitar e treinar, faça!

Dica importante

Antes de ingressar nas técnicas específicas, farei uma breve revoada, citando os conselhos mais importantes para se fazer uma prova. Os primeiros se aplicam a qualquer tipo de prova e alguns são mais direcionados para provas objetivas ou discursivas.

Fazer provas é bom, é gostoso, é uma oportunidade. Conscientize-se disso e enquanto a maioria estiver tensa e preocupada, você estará feliz e satisfeito. Um dos motivos pelos quais eu sempre rendi bem em provas é porque considero fazer provas algo agradável. Imagine só, às vezes a gente vai para uma prova desempregado e sai dela com um excelente cargo! Mesmo quando não passamos, a prova nos dá experiência para a próxima vez. Portanto, comece a ver, sentir e ouvir "fazer prova" como algo positivo, como uma ocasião em que podemos estar tranquilos, calmos e onde podemos render bem.

A ***simplicidade*** *e a* ***objetividade*** *são indispensáveis na prova, ladeadas com o equilíbrio emocional e o controle do tempo. Para passar lembre-se que você precisa responder aquilo que foi perguntado. Leia com atenção as orientações ao candidato e o enunciado de cada questão. Se possível, faça um roteiro de respostas levando em conta as que você já sabe e as que não tem muita intimidade e nada de ficar para sempre em uma só questão!*

3. COMO SE PREPARAR EM VÉSPERAS DE PROVAS

Ao contrário do que se pensa, a véspera da prova não é um único dia do calendário. Existem pelo menos três vésperas, de modo que aquele que se preocupa apenas com a terceira véspera, chega nela com menos preparo do que aquele que compreende as três:

1ª VÉSPERA – O dia zero
2ª VÉSPERA – Proximidade da prova (mês ou semana)
3ª VÉSPERA – Dia anterior à prova ou série de provas

Importante: em todas as vésperas é conveniente que você controle o estresse e a tensão utilizando as técnicas descritas aqui.

Véspera I – O Dia Zero

A véspera de prova começa quando decide se preparar, seriamente, para concursos, É a partir daí que se faz preciso o conjunto de atitudes e procedimentos direcionados à obtenção de rendimento e resultado satisfatórios.

Véspera 2 – O mês e a semana da véspera

Dependendo da quantidade de matéria, o mês ou semana que antecede o dia da prova deve ser ocasião para **revisões** e **simulados**.

Nas **revisões** utilize os resumos, mapas mentais e esquemas que você tenha preparado durante o estudo. Qualquer que seja a matéria, dê bastante atenção aos seus princípios básicos. Se houver leis (físicas, racionais ou jurídicas) que regulem a matéria, não deixe de relê-las durante este período de véspera. Em suma, este período é para rever resumos, princípios e normas/leis que regem o ramo específico do conhecimento.

Assim como são úteis durante todo o período de estudo, os **simulados** merecem atenção na véspera 2. Obtenha provas de concursos anteriores ou questões formuladas em livros ou periódicos, desde que com o gabarito.

Simule todas as condições da prova: hora de início da prova, duração, quantidade de questões, se é objetiva ou dissertativa, material de consulta, tudo o mais parecido possível com a prova real. Se quiser, marque com amigos, por exemplo, para juntos fazerem um simulado no sábado. Depois de fazer a prova, corrija-a, sozinho ou com um grupo.

Se sua resposta não coincidir com a do gabarito, procure na matéria para ver se ele está correto. Não é ruim, antes é bom, questionar a correção do gabarito, pois esta é uma atitude de **estudante ativo e dinâmico**, ao invés de passivo e estático. Essa operação também auxilia na memorização.

Brigas. Nada atrapalha mais uma prova do que problemas afetivos ou familiares, que podem derivar ou ser motivo de tensão. As vésperas 2 e 3 não são ocasiões para resolver diferenças, traumas, mágoas ou ressentimentos. De preferência, nesse período seu próximo sempre tem razão, ou seja, não discuta. Nesse ponto vale repetir um ensino de Provérbios 15:1: "*A resposta branda desvia o furor, mas a palavra dura suscita a ira.*"

Resolva seus problemas de relacionamento (sejam eles com a família, parceiro amoroso ou no trabalho) durante a véspera 1 e/ou após a prova, e, de preferência, de forma pacífica e negocial, já que "um mau acordo é melhor do que uma boa briga".

Nos meus primeiros concursos estava muito tenso com a responsabilidade de passar e acabei não passando. Além de ainda não estar "maduro" em relação ao meu conhecimento da matéria do edital, não estava maduro emocionalmente para enfrentar a jornada. Procure amadurecer nos dois aspectos.

A Véspera 3 – Um ou dois dias antes da prova

Ao invés de estudar, descanse e relaxe. A maioria dos concurseiros iniciantes estuda na véspera, mas esta não é a melhor técnica. Se você está bem preparado não precisa se estressar na véspera; se não estudou e a matéria é extensa, estudar na véspera não vai ajudar pois a probabilidade de você estudar o que vai cair não vale o custo psíquico-emocional da tensão de se estudar tão em cima da hora.

O candidato bem preparado e que domina as técnicas sobre como fazer provas usa o dia antes, ou os dias antes da prova, para relaxar, com o que chega na prova em melhores condições psicológicas. Isso é preparo emocional! O candidato que não estudou ou que não consegue controlar sua ansiedade, ao estudar de véspera age como um franco-atirador carente da sorte e, no mais das vezes, apenas aumenta sua tensão.

Se você é daqueles que insistem em estudar de véspera, **experimente** seguir meu conselho uma vez e veja o bom resultado da técnica.

Quer dizer então que eu estou proibido de estudar na véspera? Com certeza a resposta é não. Você é livre para fazer o que achar mais conveniente. Todo sistema de estudo deve ser flexibilizado e adaptado à pessoa. Há quem fique mais estressado por não estudar. Esta pessoa deve tentar relaxar e não estudar para experimentar um novo padrão, mas se não se adaptar, que estude e não fique ansioso por não estar estudando. Conheço amigos que estudam na véspera e se dão bem com esse sistema. Você precisa experimentar as duas formas e ver em qual se encaixa melhor. Agora, se for estudar, faça-o de um modo tranquilo, descontraído, leve, ok? E depois de estudar, descanse e durma cedo.

> *“A resposta branda desvia o furor, mas a palavra dura suscita a ira.”*
> Provérbios 15:1

LAZER

Já que o dia é para descanso e lazer, curta-o da melhor maneira que puder imaginar, seja sozinho, seja acompanhado. O único cuidado é evitar exageros, dormir tarde demais ou coisas do gênero que vão afetar as atividades que não são de lazer. Evite programas cansativos ou que possam trazer algum problema. Por exemplo, se for jogar bola, tome cuidado para não se contundir. Se for à praia, filtro solar e hidratação.

Não é só no dia anterior que o lazer pode ser útil: ele pode começar um pouco antes. Se você vem estudando com afinco, estes últimos dois, três ou quatro dias podem ser de descanso. Há candidatos que rendem muito mais quando estão despreocupados. É a excelente “receita” da calma com atenção. Tenho amigos que viajaram pouco antes da prova e tiveram bons resultados. Isto é possível quando há a combinação de estudo metódico durante algum tempo com um bom relaxamento próximo da prova. Eu mesmo tive essa experiência. No meu primeiro concurso para a Defensoria estava muito tenso com a responsabilidade de passar e não passei. No segundo concurso em que passei, lembro que fui fazer o provão com menos pressão, mais tranquilo, sem me impor a obrigação de passar.

Em resumo, um pouco de descanso a mais na “reta final” e uma dose de despreocupação (para o que o lazer pode contribuir) é uma boa técnica para se fazer provas.

CONCENTRAÇÃO

Entre em ritmo de "concentração" como se fosse um atleta perto do jogo ou competição. Diga para si próprio o quanto tem se preparado e esperado pela oportunidade de fazer a prova. Veja, sinta e ouça o som desses momentos preparatórios e que antecedem o grande dia. Crie uma expectativa agradável, mentalize imagens positivas de tranquilidade e de calma para na hora da prova lembrar-se da matéria. Programe-se para aquilo que quer que aconteça ao invés de se programar para o que não quer que aconteça, a reprovação, por exemplo.

ROUPAS

Utilize a véspera 3 para escolher as roupas confortáveis e simples que usará no dia da prova. Elas devem ser compatíveis com os costumes vigentes no local e com a discrição que se espera de um candidato. Quanto menos atenção chamarem, melhor. Roupas provocantes ou chamativas devem ser evitadas. Vá sempre preparado para uma mudança brusca de temperatura: nada pior do que morrer de frio ou de calor na hora da prova. Dependendo do concurso, será necessário um pouco mais de cuidado com a vestimenta, especialmente em provas orais.

ALIMENTAÇÃO E SONO

Não comemore a véspera com alimentos pesados tais como feijoada, cozido, aquela sopa esquisita, aquela comida pesada e gordurosa com tudo que sobrou na geladeira. Evite alimentos ou restaurantes com os quais não está acostumado, para evitar algum desarranjo intestinal. A alimentação deve ser leve e energética, estando liberados, desde que sem excesso, massas, chocolates e doces. A ideia da véspera já começa a ficar mais agradável...

Algumas pessoas experimentam insônia na noite antes do seu concurso, isso se dá por tensão e {"ansiedade"} ansiedade. Acabe com elas e não terá maiores problemas para dormir. Se a insônia persistir, não tome remédios, procure resolvê-la com o exercício de alguma atividade que libere seu estresse, como ler um livro, ver um filme tranquilo ou até mesmo rever uma vez a matéria. Mas não perca a hora! Fazer a prova cansado pode colocar a perder toda a sua preparação.

> "Há quem prefira deixar todo o material pronto com uma semana de antecedência, o que não é má ideia."

MATERIAL PARA A PROVA

Separe tudo o que vai levar no dia seguinte, como cartão de inscrição, identidade, caneta e lápis, borracha e *liquid paper* (se admitido seu uso), régua e o que mais você for usar para fazer a prova. Separe também o material de consulta permitido. Se ele for pesado, providencie meios para carregá-lo sem muito esforço, como carrinho para compras e malas com rodinhas. Não é aconselhável usar carrinho de mão nem "escravos" (o namorado, por exemplo), já que esses últimos não podem acompanhá-lo após o portão de entrada. Alguns concursos, especialmente jurídicos, utilizam muita bibliografia e o uso de malas ou carrinhos auxiliares é recomendado.

O material "de escritório" deve ser de pelo menos dois ou três de cada, para o caso de uma unidade não funcionar. Acondicione o material em um estojo ou recipiente bem prático para não perder tempo procurando sua borrachinha.

Algumas pessoas gostam de acreditar na "caneta da sorte" ou na "lapizeira da sorte". Como já disse, quanto mais eu estudava, mais sorte eu tinha. Por via das dúvidas, tenha várias "canetas da sorte", porque a chance de a tinta desta caneta, que você mais usa, acabar é muito grande para você não considerar em um momento tão importante.

Há quem prefira deixar todo o material pronto com uma semana de antecedência, o que não é má ideia.

Outro instrumento bastante útil é o *check list* (veja o Capítulo 13, item 8). Faça uma lista com todas as coisas que precisa levar. À medida que as for colocando na mochila, vá marcando na lista. Guarde a lista de um concurso para o outro e vá aperfeiçoando-a, anotando tudo o que sentir falta na hora da prova.

LANCHE E REMÉDIOS

Separe remédios para dor e para diarreia, bem como para eventuais problemas pessoais de saúde, como aqueles para crises renais, colírio para irritação dos olhos, apetrechos femininos etc. Leve remédios em quantidade suficiente para, se preciso, ajudar alguém. Para não ter dor de cabeça, o melhor remédio não é um comprimido, mas a paz de espírito.

Além dessa "farmacinha", providencie o tradicional **lanche**, para não sentir fome ou sede no meio da prova. Leve água ou outro líquido que lhe apeteça, como Guaravita, mate, Gatorade, Toddynho e sucos. Evite bebidas gaseificadas para não ter aquela sensação de empanzinamento no meio da prova. Separe também frutas, chocolates, biscoitos, barras de cereal ou de proteína ou o que mais lhe agrade e seja prático de levar e ingerir. Nada pior do que derramar iogurte de morango em cima da prova... Uma dica, para não ter de beber água quente no meio da prova é deixar uma garrafa meio cheia no congelador e antes de sair de casa, completá-la com água fresca. O gelo vai derretendo e a água ficará mais agradável para beber. Não esqueça de colocar um lembrete sobre a água no congelador.

Acondicione todo esse material de modo razoável para não parecer um "farofeiro" indo à praia. Sacolinhas para não ter uma mochila encharcada e para acondicionar seu lixo devem ser levadas em consideração em sua lista.

4. CUIDADOS NO DIA D

4.1. Amanhecendo

Ao acordar diga para si mesmo que este é o grande dia. Estique-se na cama por alguns momentos (espreguice-se). Se você não usa barba, não deixe de – com todo carinho e cuidado do mundo – fazê-la. Os cuidados corporais e de aparência, desde que não tomem tempo exagerado, são excelentes maneiras de começar bem o dia e a prova. Não deixe para tirar a barba no dia da prova, por exemplo.

Tome um bom café da manhã, reforçado, mas não exagerado ou gorduroso. Ingira alimentos energéticos, de preferência naturais.

Uma atividade física leve (com a qual você já está acostumado), mesmo que de curta duração (10 a 20 minutos) pode ser extraordinária se realizada na véspera e no dia da prova, logo que você acordar. Dar uma volta no quarteirão, pedalar, fazer alguma ginástica, alongamento ou algum outro exercício ativam a circulação, a oxigenação do cérebro e dão disposição. Não exagere para não ter uma distensão. Se costuma tomar café na rua, vá em lugares conhecidos e nada de comer risole ou coxinha. Frituras antes da prova podem ser uma combinação ruim.

4.2. Deslocamento e horário

Acorde cedo. Como já disse, previna-se tendo o dobro do tempo suficiente para se aprontar e chegar no local da prova. Se necessário, vá dormir mais cedo na véspera. Prepare-se para um engarrafamento, um pneu furado e mais alguma coisa. Reserve o tempo de deslocamento suficiente para chegar na hora mesmo que os três problemas se sobreponham. Se vai de carro, desde a véspera já deve ver como ele está. Se vai de ônibus, previna-se contra seus costumeiros atrasos. Nada pior do que uma pessoa que perde a chance de fazer uma prova por falta de precaução.

4.3. "Cola"

A "cola" é um recurso ilegítimo, imoral e muito ilegal (Lei nº 12.550). Quem é reprovado em uma prova por errar a questão pode fazer quantos outros concursos quiser. Uma eliminação por causa do uso de meios ilícitos pode prejudicar todos os próximos concursos. Portanto, nada de cola.

4.4. Concentração

Respiração. Procure tranquilizar-se e respirar com calma. Isso ajuda o cérebro a trabalhar no estado alfa, que permite melhor desempenho.

Mentalização. Imagine a prova como um momento agradável: a oportunidade de mostrar seus conhecimentos, sua habilidade. A prova é a oportunidade para se alcançar o sucesso ou, se não for dessa vez, adquirir grande experiência.

Não deixe ideias ou imagens negativas ou de ansiedade tomarem conta de seus pensamentos. Se tais ideias vierem, diga para si mesmo que você se preparou, que lembrará na hora o que cair na prova e que está ali para fazer o seu melhor. Chacoalhe essas ideias para longe e volte à prova.

Companhia. Evite companhias ou grupos que ficam falando da matéria ou jogando conversa fora. Vá para seu canto e procure entrar em um estado agradável, de atenção sem tensão. Você pode aguardar o ingresso na sala junto com amigos desde que a conversa seja leve, boa, sem estresse. Ao ingressar na sala, procure ir logo para seu lugar.

> ***Quem decide pode errar.***
> ***Quem não decide, já errou.***
> Herbert Von Karajan

Lugar na sala. Procure evitar sentar-se perto de pessoas muito falantes ou nervosas. Verifique se a sala tem ventilação para ficar em um bom lugar, nem muito quente e nem muito frio. Não se esqueça de sempre levar uma roupa de frio (casaco ou blusa de mangas compridas). Veja se recebe incidência de luz solar a fim de evitar expor-se diretamente. É bem desagradável fazer prova com sol nos olhos. Se possível, coloque uma cadeira à sua frente ou ao lado para facilitar o manuseio de material de consulta, quando permitido. Há quem goste de ficar no final da sala para evitar ser atrapalhado por eventuais (e indevidas) conversas entre os fiscais.

Devo estudar enquanto aguardo o início da prova? Não. Não faça como muitos que passam a véspera estudando até tarde, tomam café com um livro no meio do pão, sentam-se na sala e ficam, estressada e desesperadamente, "engolindo" livros para tentar pegar mais alguma coisa. Esse estado emocional não é produtivo. É até possível que, por sorte, a pessoa leia alguma coisa da prova, mas em um universo grande de matérias a probabilidade de isso ocorrer é pequena. A perda de tranquilidade prejudica o rendimento do cérebro.

4.5. Lidando com o cansaço

Um dos fatores que mais prejudicam os candidatos é o cansaço físico e mental, que é muito comum. Dependendo da resistência do candidato, isso ocorre em provas de duas horas, porém é mais comum em provas com duração de quatro a seis horas. Além do tempo de prova, ainda existe o tempo de espera, que elastece o período total em "ambiente de prova".

Se o candidato já se adestrou para "aguentar bem" um período de estudo mais longo, a tendência é ser mais fácil resistir ao tempo de prova. Além disso, tem muita influência a imagem mental do que é uma prova. Se o candidato a considera algo ruim, uma hora já é muito tempo; se a considera como algo bom e agradável, certamente sua resistência será muito maior porque quando você gosta de fazer alguma coisa o tempo passa mais rápido e você o aproveita mais.

Para enfrentar o cansaço, há algumas técnicas, que acredito que ajudarão. O mais importante, no entanto, é a realização de **intervalos**. Para isso:

a) Mantenha uma **postura** adequada ao sentar, o que evita dores e cansaço precoces.

b) Quando começar a sentir cansaço, estique os braços, as pernas, mexa o pescoço em várias direções. Mexa-se. Esse é o **relaxamento corporal**, que ativa a circulação e diminui os efeitos do cansaço. Outra forma de "ativar" o corpo é forçar os músculos como se estivesse levantando pesos em uma academia de musculação. Imagine-se "malhando" e faça o esforço do seu músculo trabalhando com seu próprio músculo. Você verá que isso funciona muito bem. E não é necessário sair do lugar.

c) **Mentalize** o quanto a prova é importante e prazerosa para você, o que diminui os efeitos do tempo.

d) Se quiser, peça para ir ao banheiro. Andar um pouco faz bem. Cuidado para não perder muito tempo de prova nesse recurso. Se for ao banheiro, aproveite para já fazer coisas que eventualmente pode dar vontade depois e não deixe de dar uma lavada no rosto para aumentar o moral. Outro recurso mais radical é dar uma escovada nos dentes (aprendi o efeito disso no Exército). É uma boa estratégia, especialmente antes da marcação do cartão, logo após de finalizadas as questões. Apenas não demore demais ao se valer dessa tática.

5. CUIDADOS PARA FAZER A PROVA

Os nossos primeiros cuidados devem ser:
• LER A PROVA
• CUIDAR DA ADMINISTRAÇÃO DO TEMPO
• FAZER AS REVISÕES 1 E 2
• SABER LIDAR COM O "BRANCO"
• UTILIZAR ROTEIROS EM PROVAS DISSERTATIVAS
• SABER "TRABALHAR" COM AS QUESTÕES NÃO SABIDAS

5.1. Como ler as questões da prova

Certifique-se de que você leu as orientações ao candidato. As orientações ao candidato são preciosíssimas já que esclarecem elementos importantes. Há até casos em que o candidato que não lê as orientações antes de começar, se permitido, pode seguir um curso errado durante a prova. A melhor hora para lê-las é antes do início da prova. Mesmo que não permitam lê-las antes de correr o tempo de prova, leia-as com calma e atenção quando permitirem virar a prova. A relação custo de tempo x benefício de informação vale a pena.

Houve um concurso em que fui o primeiro colocado e a segunda colocada comentou comigo que teria sido a primeira se atentasse para as orientações ao candidato, que vedavam a redação a lápis. Além disso, falou que se tivesse tempo teria passado a caneta por cima, mas como não fez isso obteve zero em redação. Essa pessoa, hoje uma grande amiga, cometeu dois erros desprezando dois elementos que são contados para se aprovar ou classificar um candidato: leitura das orientações prévias ao candidato e controle do tempo.

Dicas sobre como ler as questões da prova: leia o texto sem pressa ou ansiedade. Cuidado para não começar a dar as respostas ou definir qual é a pergunta. Essa reação rápida pode ser equivocada e induzir ao erro. Apenas olhe a prova rapidamente. Nunca diga: "não sei esta", diga "esta eu vou lembrar" ou "para esta eu vou dar a melhor resposta possível". Não é má ideia dizer, ao final dessa primeira lida, que gostou da prova.

5.2. Administração do tempo de prova

Quem não sabe administrar seu tempo de prova não sabe fazer prova. Saber a matéria toda e não saber usar o tempo para dar as respostas é pior do que saber metade da matéria e colocar essa metade no papel.

No concurso para Juiz Federal temos cinco horas de prova para cinquenta questões discursivas onde cada uma vale dois pontos. No concurso que fiz, respondi

49 e deixei apenas uma em branco. Ou seja, disputei 98 pontos em 100 possíveis. Na saída da prova um dos assuntos que os candidatos estavam discutindo era, justamente, quantas questões cada um tinha respondido, havendo quem tivesse respondido 30, 35 etc. Uma pessoa que tenha respondido 35 questões está brigando por 70 pontos. Como a nota mínima é 60 pontos, quem deixa muitas questões em branco terá mais dificuldade para passar. Eu soube de muita gente que respondeu entre 30 e 40 questões, mas sabia responder outras, só não o fazendo por falta de tempo. Alguns amigos que estavam melhor preparados que eu não foram aprovados porque não souberam administrar o tempo.

Outro exemplo de má administração do tempo é o do candidato que perde 20 minutos procurando a resposta de uma questão que vale dois pontos e deixa de responder outras de mesmo valor ou até mais relevantes.

REGRAS BÁSICAS PARA ADMINISTRAR O TEMPO:

1) Divida o tempo de prova (em número de minutos) pelo número de questões.
2) Se for uma prova objetiva, veja primeiro quanto tempo vai reservar para marcar o cartão-resposta e só depois divida o número de minutos pelo número de questões. Ex.: 4 horas de prova e 50 questões.

   Tempo de prova = 240 minutos

   Tempo para marcar o cartão: 20 minutos.

   Tempo efetivo de prova: 220 minutos (240 minutos menos o tempo para marcar o cartão).

   220 dividido por 50 = 4,4 (arredonde para o inteiro mais baixo).

   Tempo por questão: 4 minutos.

   Assim, você terá 4 minutos por questão, 20 minutos para o cartão-resposta e 20 minutos sobrando. Esta pequena sobra serve para eventual ida ao banheiro, eventual relaxamento, eventual perda de tempo em alguma questão onde isso valha a pena e para ao final, se der, fazer a revisão 2.
3) Sempre faça primeiro as questões que sabe e depois as que não sabe. E isso você só vai descobrir fazendo a primeira leitura.
4) Não perca o senso de transcurso do tempo, como acontece quando a pessoa se envolve dando uma resposta que sabe bem ou quando esquece do tempo procurando uma resposta que não se lembra. É como se a pessoa entrasse em um quarto e ficasse tão distraída com o que tinha ali que não fosse para os outros quartos da casa. Em provas você deve ficar um pouquinho em cada "quarto". Lembre-se que o próximo "quarto" é importante também. A aprovação vem da soma dos pontos abtidos: todos são importantes.

5) Se as matérias tiverem pesos diferentes, você pode separar mais minutos para uma do que para outra, de acordo com sua preferência.

6) Você também pode, quando terminar as questões que sabe, calcular quantos minutos ainda restam e quantas questões faltam, recalculando os minutos que sobram para cada uma. Na prova acima, você já fez 40 questões em 2 horas. Sobram então, 120 minutos. Tire os 20 minutos para marcar o cartão de prova e sobram 100 minutos para 10 questões. Você terá, então, 100 dividido por 10 que é igual a 10 minutos por questão. Assim como você fez na primeira vez, comece a fazer as questões que faltam evitando gastar mais de 10 minutos em cada. Quando acabar a segunda passada, marque o cartão-resposta e se ainda tiver tempo faça a revisão 2. Cuidado para não perder muito tempo no recálculo.

7) Tirando o cálculo do tópico acima (tópico 6), que você só pode fazer no meio da prova, jamais perca tempo de prova fazendo este monte de contas. Faça isto antes do dia da prova, com base no edital e nas demais informações que dispuser.

5.3. Revisões (1 e 2)

Revisão 1 (a leitura posterior)

Sempre releia com atenção sua resposta após dá-la como pronta. Não passe os olhos correndo pois você irá ler a sua memória e não o que está no papel. Leia o que você efetivamente escreveu ou marcou. Isso evitará muitas falhas bobas e erros de português, principalmente os de concordância.

Esta revisão também serve para você conferir se respondeu a todos os itens de uma questão múltipla (aquela com mais de uma pergunta em seu interior). Por exemplo, na pergunta *"Qual o conceito de administração e quais as suas formas?"* você irá conferir se também respondeu à segunda parte da questão.

Não fazer essa releitura do texto escrito com calma é pedir para deixar no texto umas boas besteiras ou marcar aquela questão evidente por pura distração. Quando redigimos acontece de cometermos erros: essa releitura nos dá a chance de consertar a resposta a tempo.

Revisão 2 (a de examinador)

Se tiver tempo, assuma o papel mental de examinador e "corrija" sua prova na hora. O novo paradigma poderá auxiliar a encontrar algum erro e corrigi-lo a tempo. Para fazer uma boa leitura pós-posterior, controle o "comichão de candidato", que tratamos abaixo. Nada de mudar tudo quando fizer essa revisão. É uma fase de aperfeiçoamento.

5.4. "Comichão de candidato"

Um dos fenômenos que prejudicam o desempenho dos candidatos é aquilo que eu chamo de "comichão de candidato".

Como a própria língua oferece boas explicações, novamente recorro ao *Aurélio*: comichão significa prurido, ou seja, "*sensação desagradável peculiar, causada por enfermidade ou agente irritante, que leva o indivíduo a coçar-se em procura de alívio. [Sin.: comichão, coceira*" e, figuradamente, "*desejo veemente; tentação, impaciência, frenesi, inquietação."]*

Nada mais veemente para descrever aquela sensação que o candidato tem de querer sair o mais cedo possível da sala de prova, como se estivesse sentado em cima de pregos. Quanto mais tempo passa, maior o desconforto. Com isso, o candidato não tem paciência e ânimo para reler a prova, fazer as revisões.

O único senão é que aquela pressa toda acaba quando se põe o pé na rua. Encontram-se os amigos, comentam-se as questões, trocam-se ideias, esvaem-se as horas e, curiosamente, não aparece mais qualquer resquício daquela pressa, daquela vontade de ir embora, de ir para casa.

É assim mesmo que acontece, não é? Eu sei porque já fui candidato várias vezes.

Para ter mais tempo e condições de fazer as revisões, lembre-se de que você está fazendo o concurso com o objetivo de passar e, tendo em vista esse objetivo, não deve querer sair da sala antes do tempo. É um verdadeiro absurdo a pessoa ir embora muito antes do final do certame, sem revisar as questões, ou mesmo, se sobrar tempo, repassar todas as questões da prova. Aliás, vai querer aproveitar ao máximo a prova.

Quando a cadeira começar a coçar, determine a si mesmo que vai controlar essa sensação a fim de não desperdiçar o tempo que ainda resta para rever a prova. Se quiser, faça um relaxamento, referido no item 4.5 anteriormente, vá lavar o rosto ou faça seu lanche, beba água... Lembre-se que a oportunidade de passar está ali, em cima daquela cadeira, enquanto o tempo da prova durar.

> "Uma utilização que eu já dava a esta técnica, muito antes do concurso para Delegado de Polícia, era relaxar no meio das provas utilizando o recurso de 'viajar' para algum lugar agradável."

5.5. Lidando com o "branco" na prova

5.5.1 Definindo o que é o "branco"

Há três tipos de "branco" ou esquecimento em provas:

a) o branco total por pânico, onde o aluno não se recorda de nada, fica imóvel, "cola as placas", em decorrência do estresse de prova, ansiedade ou tensão;

b) o branco geral por programação mental inadequada, onde o aluno não se recorda da matéria porque equivocadamente programou seu cérebro para ter o "branco". O que acontece muito com pessoas que não investem no preparo emocional ou não acreditam em sua aprovação;

c) o branco específico, ou compartimentalizado, onde o aluno não se recorda da resposta de alguma questão cuja matéria estudou. Em geral, a recordação ocorre logo que a pessoa põe os pés na rua ao sair da prova.

Há um fenômeno parecido com o "branco", mas que não o é: a pessoa não sabe a resposta porque simplesmente não estudou... A técnica aqui é estudar, estudar, estudar. E se preparar para uma próxima prova, caso esse fenômeno ocorra.

5.5.2 Soluções

A solução para o "branco" tem relação com sua origem:

1) Para evitar o branco por tensão ou pânico, verifique seu estado emocional. Estar bem na hora da prova depende de toda a preparação anterior, atitudes, planejamento etc.

2) Programe-se mentalmente para não ter mais "branco".

3) Se esse tipo de "branco" ocorrer, utilize o recurso de se acalmar, fazer outras questões e voltar depois. Outro recurso é fechar os olhos e se imaginar entregando a prova, saindo da sala etc., pois isto pode ajudar você a lembrar quando imaginariamente, "chegar na rua". Se você se programar corretamente para não ter "branco", raramente precisará utilizar estas técnicas, que chamo de VMR (Viagem Mental de Recordações).

5.6. Questões não sabidas

Atitude

A atitude correta diante de uma questão que não se sabe não é a tensão, ou nervosismo, o desespero ou coisa semelhante. A primeira atitude é se prometer sinceramente que vai estudar mais para não passar tão facilmente por essa situação na próxima prova.

Porém, como estamos no jogo, é claro que não vamos deixar de tentar mandar a bola para dentro do gol.

Na maior parte das vezes, se o candidato se tranquilizar e agir com calma e técnica, procurando uma resposta razoável, a tendência é que acerte ou, pelo menos, marque alguns pontos, que muitas vezes farão diferença na aprovação.

Devo deixar questões em branco?

A resposta é não, com duas exceções.

A primeira exceção ocorre nos concursos em que as respostas erradas são contabilizadas em desfavor do candidato, como aquelas em que o edital diz que cada questão errada anulará uma certa. Nesses casos não vale a pena chutar.

Há concursos em que a fórmula de cálculo da nota permite até notas negativas, sendo necessário, portanto, examinar sempre o edital do concurso específico para decidir como proceder. Mas sempre leve em conta o universo do resultado se você deixar de responder alguma questão.

Há casos em que cada questão certa é anulada por um conjunto de duas, três ou quatro questões erradas. Nessas hipóteses, marque ao lado das questões que está em dúvida entre apenas duas alternativas. Ao terminar a prova, veja quantas são e escolha algumas mesmo que não tenha certeza absoluta. Exemplo: Se a cada três erradas se anula uma certa, eu posso chutar duas ou três onde tenho quase certeza da resposta certa, por conseguinte, provavelmente não irei "estourar" o limite de erros.

A segunda exceção diz respeito às questões dissertativas em que o candidato não tem condições de fazer absolutamente nada de razoável. Quando não souber a questão o candidato deve tentar discorrer sobre o assunto, abordar os princípios e leis (físicas ou sociais) aplicáveis, raciocinar etc. Porém, se isto não for possível, isto é, se o candidato não souber absolutamente nada a respeito do tema, obviamente é melhor deixar a questão em branco a escrever algo absurdo ou completamente sem sentido, pois isto pode causar uma má impressão na banca e prejudicar a correção das demais questões que, muitas vezes, são corrigidas comparativamente.

Em suma, evite deixar questões em branco, salvo:

a) em questões objetivas, se as respostas erradas anulam as corretas.

b) em questões dissertativas, se não for possível preparar uma resposta razoável.

6. OBSERVAÇÕES ÚTEIS DEPOIS DA PROVA

A atitude, o treino e as dicas gerais, juntamente com o estudo, cuidam do antes da prova. As técnicas citadas cuidam do durante a prova. Mas existem algumas coisas a serem vistas depois da prova. Claro que não me refiro a continuar a estudar, treinar e fazer provas até conseguir sucesso: isso deve ser o óbvio. Refiro-me a outros cuidados importantes.

Quais são eles?

1. **Relaxe um pouco**. O sistema de provas e concursos é trabalhoso e, algumas vezes, extenuante. Após uma prova, permita-se dar um descanso, um *break*, uma paradinha, para se premiar pelo seu esforço e para recarregar a bateria. Depois, volte à carga, com os cuidados de sempre (equilíbrio, administração do tempo etc.).

   Relaxe, premie-se, faça coisas de que gosta muito, ou nada, por alguns dias.

2. **Veja o resultado.** Tem gente que fica com medo de conferir e acaba perdendo boas oportunidades, como deixar de estudar ou ir fazer a prova seguinte por achar que não passou.

   Um caso que acontece de vez em quando é a pessoa desanimar porque foi mal em uma fase e não ir fazer, ou fazer sem dedicação, a fase seguinte. Evite isto. Não é boa técnica e, pior, o fato é que, quando alguém fica reprovado por pouco em uma matéria, não é raro os examinadores olharem as notas da pessoa em outras disciplinas para decidirem se arredondam ou não a nota da prova é como uma "aprovação por conselho de classe". Sei disso, pois sou examinador.

3. **Recorra, se for o caso.** Há casos em que uma reprovação injusta pode ser revertida através de recursos administrativos ou judiciais. Cada vez mais os concursos tendem a se aperfeiçoar e as bancas a levar a sério a merecida e justa revisão de prova e anulação de questões. Evite recorrer de tudo. Não tente ganhar o jogo no "tapetão". Antes de recorrer, consulte alguém que entenda do assunto, peça um parecer de especialista, ou de um perito técnico no assunto. Os cursinhos, professores e jornais para concursos prestam uma boa assessoria nesta hora. Sobre recursos, consulte minha página pessoal onde há orientações genéricas sobre como agir. Em caso de dúvida ou angústia envie um *e-mail* para promocao@williamdouglas.com.br. Não presto assessoria jurídica, sou impedido por lei por ser magistrado, mas poderei indicar melhor que caminhos você pode adotar.

4. **Refaça a prova**. Eu sei que é um esforço, mas refazer a prova, conferindo tudo nos livros, vai fixar a matéria em sua mente para o resto da vida. E os assuntos se repetem nas provas e nos concursos seguintes.

5. **Corrija sua prova**. Assuma o olhar crítico do examinador e aprenda a ver com os olhos dele. Corrija sua prova. Analisar a prova e as próprias respostas é um excelente instrumento de aperfeiçoamento.

7. RESUMO PARA A PROVA

Como citei muitas técnicas, vou fazer um resumo para você lembrar no dia da prova. A técnica que usarei é a do processo mnemônico. Pense na frase:

"Até cair foi legal, administrei, revi e descansei."

Agora, repare que a frase é a ligação para uma série de palavras/técnicas que explicaremos a seguir:

Até cair foi legal, administrei, revi e descansei.

Não leve isto anotado para o dia da prova pois, embora não o seja, pode ser considerado como "cola". Memorize a frase e, ao receber seu material de prova, escreva no caderno de questões ou folha para rascunho. Usando a técnica, você lembrará as coisas mais importantes para a prova.

At – atitude e atenção

Ca – calma e tranquilidade

Fo – foco

Le – ler as instruções aos candidatos e ler a prova com atenção

Administ – administrar o tempo e administrar o que não sabe

Revi – revisões 1 e 2

Descansei – intervalos, situação, atitude

At – atitude e atenção. Lembre que fazer provas é um privilégio, uma oportunidade, um prazer, que muitos queriam estar onde você está, lutando por seus sonhos. E tenha atenção, não fique voando.

Ca – calma e tranquilidade. Um candidato calmo rende mais. Se preciso, respire lentamente até se acalmar. Divirta-se.

Fo – foco. O objetivo é passar e, para passar, a atitude correta é: fazer a melhor prova que eu puder fazer hoje, devo mostrar meus conhecimentos com clareza e objetividade para deixar o examinador feliz.

Le – ler as instruções aos candidatos e ler a prova com atenção. Ler as instruções vai ajudá-lo a fazer a prova corretamente; ler as questões vai fazer você descobrir o que o examinador realmente quer saber de você (e não o que você gostaria que ele perguntasse). O examinador precisa ser atendido.

Administ – administrar o tempo e administrar o que não sabe. O tempo se administra fazendo as contas e, claro, treinando antes, para ter prática de fazer provas. Administrar o que não se sabe é decidir deixar em branco ou mostrar o que for possível de conhecimento.

Revi – revisões 1 e 2.

Descansei. Implica bom uso dos intervalos para melhorar seu rendimento, em "descansar" na ideia (atitude) de que concurso se faz até passar, que se deve exigir apenas o melhor possível, que a situação é favorável (na prova, você *ou* vai passar *ou* vai ver onde precisa melhorar). Para aqueles que, como eu, acreditam que "*todas as coisas concorrem para o bem daqueles que amam a Deus*" (Romanos 8:28), também é possível "descansar" nessa ideia. Assim, se você acredita em Deus, pode e deve se acalmar com a ajuda dEle.

8. *CHECK-LISTS*

Utilize os *check-lists* que se seguem, que ajudarão nas vésperas e na hora das provas.

Se quiser, faça cópias para ter um à mão quando precisar.

CONCLUSÃO

Se pudéssemos resumir as técnicas para aumentar o rendimento em provas e concursos, poderíamos dizer que o candidato deve ter calma, acuidade e manter o foco no objetivo.

O rendimento sempre é melhor quando o candidato está tranquilo e relaxado, e, para fazer a prova, é preciso apenas prestar atenção e não perder de vista o seu objetivo, que é passar.

Fazendo essas coisas, o candidato evitará erros desnecessários e procurará responder ao que foi perguntado e atender ao desejado pelo examinador (que é o nosso "cliente").

O resto (aquilo de que falamos neste capítulo e falaremos nos próximos) é um conjunto de técnicas e cuidados muito úteis e que vamos assimilando aos poucos, fazendo com que passem a integrar o nosso comportamento. Com isso, gradativamente, vamos melhorando nosso desempenho.

O fato de lermos as técnicas e nos conscientizarmos delas agiliza os resultados, pois podemos aproveitar as experiências de outros para já fazermos as coisas da forma mais produtiva. Além disso, podemos adaptar e personalizar as técnicas.

Acalme-se. Concentre-se. Raciocine.

ENCONTRE AS SOLUÇÕES!

EDITORA IMPETUS
www.impetus.com.br

CHECK LIST
VÉSPERAS

- **Véspera Zero:**
  - ☐ O dia zero. Você já está na véspera!
  Comece a se organizar, estudar e treinar.
- **Véspera I: (30 a 60 dias antes da prova)**
  - ☐ Visualizar-se na prova, calmo e tranquilo
  - ☐ Revisão/Resumos
  - ☐ Leitura de edital/legislação/súmulas/material mais importante
  - ☐ Treinar provas (fazer simulados). Procure treinar com o nº de questões e tempo que serão exigidos no dia da prova (ideal: provas anteriores)
- **Véspera 2: (semana de véspera)**
  - ☐ Entusiasmar-se com a prova chegando
  - ☐ Ver local e transporte para a prova
  - ☐ Conferir número de inscrição e documentos
  - ☐ Evitar brigas
  - ☐ Separar material/roupas/remédios (diarreia, dor de cabeça, dor de dente, absorvente, sonrisal e remédios de uso pessoal), tudo para a prova
  - ☐ Colocar num canto, pasta ou prateleira
- **Véspera 3: (1 a 2 dias antes da prova)**
  - ☐ Mantenha a atitude correta: alegria e entusiasmo
  - ☐ Não estudar ou, se estudar, algo muito leve
  - ☐ Ritmo de concentração para jogo de Copa do Mundo
  - ☐ Comer só em lugares conhecidos e comidas conhecidas
  - ☐ Evitar esforços físicos (lesões) e novidades
  - ☐ Lazer agradável. Relaxe!
  - ☐ Concentração: pensar na prova e visualizar-se calmo e tranquilo
  - ☐ Separar roupas (levar agasalho para se o tempo esfriar; roupas confortáveis, não é dia de desfile: roupa compatível com o lugar e cargo)
  - ☐ Faça uma caminhada leve. Espaireça
  - ☐ Despertador, pelo menos 2 sistemas (um sem depender de energia elétrica). Acorde mais cedo que a "conta do chá"
  - ☐ Deslocamento. Condução ou carro ok? Acorde mais cedo e se prepare para imprevistos (p. ex.: pneu furado)
- **Material para a prova**
  - ☐ Identidade ☐ Cartão de inscrição ☐ Relógio de pulso
  - ☐ Dinheiro para o deslocamento e lanche
  - ☐ Material: caneta, lápis, borracha (dois ou três de cada)
  - ☐ Corretivo, *liquid paper* (pergunte ao fiscal se pode usar)
  - ☐ Lanche. Sugestões: algo para beber, biscoito salgado e doce, chocolate
  - ☐ Remédios (dor de cabeça, diarreia, pessoais, etc.)
  - ☐ Dê uma última olhada nos códigos e/ou livros de consulta e apague as observações que possam lhe prejudicar ☐ Motive-se! A hora chegou!
- **Dormir** ☐ Conferir despertadores/acordar com boa antecedência (cedo)
  ☐ Na hora de dormir, alegre-se: **amanhã é um grande dia!**

EDITORA IMPETUS
www.impetus.com.br

CHECK LIST
DIA DA PROVA

- **Amanheceu! Hoje é um grande dia!**
  - ☐ Se possível, caminhada leve e curta e/ou alongamento
  - ☐ Café da manhã reforçado, mas sem exagero
  - ☐ Pegar material, já separado (ver *check list* da véspera)
  - ☐ Beijos na família, reza, oração...

  Mais uma vez
  - **Material para a prova**
    - ☐ Identidade ☐ Cartão de inscrição
    - ☐ Relógio de pulso ☐ Dinheiro para o deslocamento e lanche
    - ☐ Material: caneta, lápis, borracha (dois ou três de cada)
    - ☐ Corretivo, *liquid paper* (pergunte ao fiscal se pode usar)
    - ☐ Lanche. Sugestões: algo para beber, biscoito salgado e doce, chocolate
    - ☐ Remédios (dor de cabeça, diarreia, pessoais etc.)
    - ☐ Dê uma última olhada nos códigos e/ou livros de consulta e apague as observações que possam lhe prejudicar
    - ☐ Motive-se! A hora chegou!
- **Deslocamento:**
  - ☐ Prever engarrafamento, pneu furado etc.
  - ☐ Sem pressa, sem estresse
  - ☐ Hoje não é dia para discutir com ninguém
- **Chegando:**
  - ☐ É normal a pessoa olhar as outras e achar que é a única que vai ser reprovada. Relaxa, isso é estresse de prova
  - ☐ Evitar companhias desagradáveis e assuntos de prova
  - ☐ Preste atenção em qual é a sua sala
  - ☐ Procure um lugar agradável e confortável e se arrume (se preocupe em observar onde o sol vai bater)
  - ☐ Atitude de águia e não de galinha
- **Antes de começar a prova:**
  - ☐ Relaxe
  - ☐ Não estude
  - ☐ Se quiser, tenha coisas leves, para ler antes da prova (jornal, revista etc.)
  - ☐ Se puder calcule quanto tempo terá para cada questão e reserve tempo para marcar o cartão-resposta
- **Prova na mão:**
  - ☐ "Até cair foi legal, administrei, revi e descansei"

    At – atitude e atenção
    Ca – calma e tranquilidade
    Fo – foco (responder o que for perguntado e fazer a melhor prova possível hoje)
    Le – ler as instruções aos candidatos e ler a prova com atenção
    Administ – administrar o tempo / o que não sabe / comichão de candidato
    Revi – revisões I e 2
    Descansei – intervalos e atitude

  - ☐ Nem pense em colar, nem em dar cola! Isto pode lhe causar prejuízo
- **Depois da prova:** ☐ Relaxar
  ☐ Mais detalhes:
- **Em Provas Jurídicas:**
  - **Citar ou levar em consideração para responder:**
    - ☐ Legislação atualizada (fonte rápida: www.planalto.gov.br)
    - ☐ Ao menos um bom doutrinador
    - ☐ Jurisprudência/Dicas: Súmulas / Enunciados dos Tribunais / órgãos relacionados ao concurso (Federal, Estadual, Municipal)/ Boletins do STF, STJ ou TST, TRF / TJ ou TRT.
    - ☐ Em concursos para carreiras específicas: material da Instituição, revistas, decisões e *sites* da Instituição.
    - ☐ Analisei as técnicas de raciocínio jurídico: Princípios + Dicotomia + "5 Mulheres" + Relação coord. / subord.

Capítulo 14

COMO LIDAR COM AS MODALIDADES DE PROVAS

> A única hora que você não pode falhar é na última vez que tentar.
>
> Charles Kettering

1. MODALIDADES DE PROVAS

Depois de termos visto as técnicas gerais, vamos partir para algumas observações específicas, a fim de aproveitar melhor cada uma das modalidades de provas: as objetivas (de múltipla escolha), subjetivas (discursivas) e orais. Acompanhe!

2. PROVAS DE MÚLTIPLA ESCOLHA

Dependendo do concurso, todas as provas serão no sistema de múltipla escolha. Em alguns, o provão é de múltipla escolha e as demais fases no sistema de provas dissertativas. Conforme o caso, utilize as técnicas, a seguir.

2.1. Realização

Se quiser, dê uma primeira lida na prova. Às vezes, por serem longas, estas provas não permitem uma primeira leitura completa. Se isso ocorrer, faça apenas a leitura rápida. É importante não "carimbar" as perguntas com respostas rápidas (em geral erradas) ou um "não sei" nas questões. Apenas leia a prova.

Você deve fazer a prova por matérias, com mais de uma passada em cada.

Escolha primeiro as matérias em que você está melhor preparado, onde tem mais facilidade. Você vai dar duas "passadas" pelas questões dessa matéria, ou seja, irá do início ao final delas duas vezes.

Na 1ª passada, faça as questões mais fáceis e deixe as mais difíceis para a 2ª passada. Na 2ª passada, faça as difíceis. Se não souber, responda ("chute") com consciência. Após a 2ª passada, vá para a nova matéria e utilize o recurso das duas passadas.

Não é produtivo fazer as 1ª e 2ª passadas em toda a prova. O ideal é fazer por matéria, porquanto você mantém seu cérebro e sua memória direcionados para um mesmo assunto. Se a prova for bem delimitada quanto melhor.

Quando você chutar, faça um símbolo para chute ao lado da questão. Depois de fazer todas as matérias (ou seja, de acertar as fáceis e chutar todas as outras), aí volte para revisar os chutes ou tentar pensar mais na questão. O símbolo pode ser uma bola ou você circundar a questão com a caneta ou lápis.

Nunca fique – como sói acontecer – uma eternidade em cima de uma questão que não sabe. Respostas não caem do céu e você não pode se dar ao luxo de ficar ali gastando um tempo enorme, no fundo só vai esquentar ainda mais sua cabeça. Se a questão for difícil, pule-a na 1ª passada. Na 2ª passada raciocine mais; se estiver gastando muito tempo, chute e sinalize para a revisão. Depois de fazer todas as outras, aí sim você volta para as "chutadas".

Se não estiver lembrando a resposta na 1ª passada, pule. Na 2ª passada, marque a que parecer mais correta e mande uma ordem e imagem cerebral para que você se recorde. Enquanto estiver fazendo as demais questões, seu cérebro terá um pouco de tempo para achar a resposta nos seus arquivos. Isso acontece com os números dos telefones que queremos lembrar e também nas provas. É só dar um tempo. Só que não o perca parado e estressando-se: faça as outras questões e volte depois de terminar a prova toda, se sobrar tempo. Nada de partir para outra questão ainda com aquela mais difícil na cabeça. Não vai servir para achar a resposta nem para concluir a prova do melhor jeito que você puder.

Em resumo, ao fazer cada uma das matérias:

a) Comece pelas mais fáceis. Ao fazer e responder, faça um X bem grande no enunciado para não correr o risco de começar a lê-la na 2ª passada. Coloque o gabarito correto ao lado dela (você só o marcará no cartão ao final da prova).

b) Pule as difíceis, dizendo apenas que vai fazer depois, na 2ª passada. Não diga a si mesmo que "não sabe". É melhor você dizer que vai lembrar do assunto e rapidamente visualizar isso na mente.

c) Na 2ª passada, pense mais um pouco e, se não lembrar mesmo, chute com consciência e técnica.

Dica:

Leia bem o enunciado de cada questão. Veja se é para marcar a certa ou a errada, se o enunciado diz que apenas uma está certa ou se é "a mais certa" etc. Tem gente que erra porque não atenta para isso. Ler com atenção é uma técnica que sempre funciona.

2.2. Como marcar o cartão de respostas

Como dissemos, ao separar o tempo em provas de múltipla escolha, reserve um período ao final para a marcação do cartão de respostas. Isto evita o vaivém que desperdiça tempo e permite que – se sobrar tempo – você faça mais uma revisão da prova antes de marcar o cartão. Por exemplo, em uma prova de 5 horas, reserve a última meia hora para marcar o cartão.

Não corra o risco de fazer a marcação com pressa, pois ela induz ao erro.

Você vai achar que é muito tempo só para marcar. Acontece que esse é um tempo que você sempre acaba gastando mesmo, só não percebe porque não o cronometra. O fato é que cada vez que você fecha a prova, pega o cartão, marca a resposta, guarda o cartão, abre a prova, além de ajustar as folhas para lê-las, gasta um tempo enorme. Se você fizer isso tudo ao final, economizará tempo.

Controle seu tempo: quando der a meia hora final, NUNCA deixe de começar a marcar o cartão-resposta. Se faltarem algumas questões, marque o cartão com as respostas que já tem. Depois vá fazer as questões restantes. As questões que você ainda não fez são a minoria e difíceis, não valendo o risco de se "enrolar" com elas e perder o controle do tempo. Depois de marcar o cartão, faça as questões faltantes.

Quando for marcar use uma régua ou a própria folha do caderno de questão para marcar as linhas do cartão. Evite errar por descuido.

2.3. E quando sobra tempo?

Controle o "comichão de candidato" (Cap. 13, item 5.4) e faça a revisão da prova. Lembre-se, uma vez marcada no cartão a resposta está dada. Não corra o risco de anular uma questão por falta de cuidado.

2.4. A técnica do "chute"

O "chute", como todos sabem, ocorre quando o candidato não sabe a resposta e marca qualquer uma das opções para ver se acerta "na sorte". A probabilidade é, em geral, de 20% (já que o comum são 5 alternativas, de "A" a "E"). Mas é possível fazer um trabalho mais técnico, ou seja, "chutar" com mais consciência e, assim, ter mais chances de acertar mesmo no chute.

"Chutar" é, para quem conhece as técnicas, uma atividade tão inteligente quanto estudar e responder. Com técnica, às vezes é possível acertar uma questão apenas olhando as alternativas, sem precisar olhar o enunciado (o que você, concurseiro, não vai fazer). O candidato bem preparado deve estar preparado também para "chutar" bem.

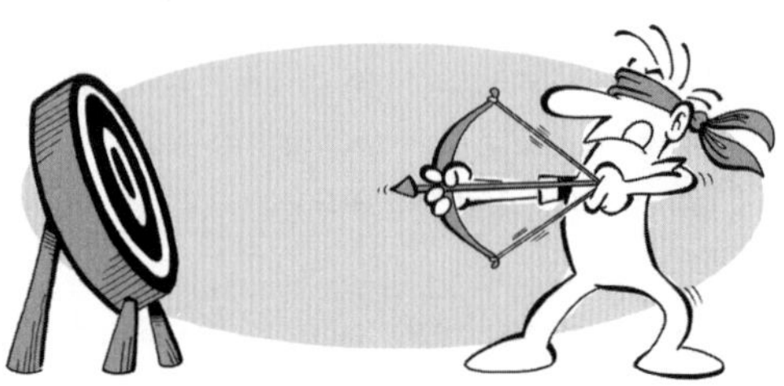

A técnica do chute começa por saber **quando é hora de chutar**. Se as respostas erradas tiram pontos, é melhor deixar em branco. Se a cada três ou quatro respostas erradas desconsidera-se uma certa, você pode "chutar" em duas ou três, nas quais tenha um pouco mais de convicção.

Se vamos "chutar", podemos considerar vários fatores, a maior parte deles decorrentes das dificuldades da banca para elaborar questões desse tipo.

Advertência. A partir daqui vamos trabalhar com probabilidades. O certo é o candidato saber a resposta por ter estudado. Quando isso não ocorre, chuta-se para tentar acertar. Chutamos sempre com a maioria, com aquilo que ocorre mais, de modo que nossa **probabilidade** de acerto seja maior. Nem sempre a resposta certa será aquela que a "técnica do chute" indicar. Você verá que usaremos constantemente o termo "a tendência será". Estamos lidando com tendências, chances, tentativas de acertar nada é certo nessa ciência do chute.

1. **Divergências**. As bancas dificilmente podem colocar assuntos muito controvertidos. Nesses casos, terá que fazer tal referência ou pedir a corrente dominante. Noutros casos, existe bibliografia indicada no Edital. Assim, esteja em dia com o que predomina e com eventuais referências bibliográficas feitas pela banca.

2. **Estatística**. Como o trabalho da banca é selecionar quem sabe o certo, a tendência é que repita mais vezes a resposta certa, pois senão estará facilitando muito o candidato. As respostas que mais, repetem têm maior chance de serem as corretas.

Ex.:

A ( ) pão e pedra

B ( ) risole e pedra

C ( ) pão e alface

D ( ) pão e risole

E ( ) risole e algodão

A resposta correta tende a ser pão e risole, pois são as opções mais anotadas.

3. **Semelhança**. Quando duas respostas assemelham-se muito, a tendência é que uma delas seja a correta, pois o examinador estará tentando confundir quem sabe um pouco mais.

Ex.:

A ( ) 14,5

B ( ) 15,7

C ( ) 17,5

D ( ) 18,5

E ( ) 18,7

A tendência é de que D ou E sejam as corretas. Se aplicarmos a técnica de número 2 também tenderemos a marcar D ou E por causa do "18," e D por causa do ",5".

4. **Eliminação das hipóteses absurdas**. Ao eliminar, repare que duas ou três hipóteses costumam ser absurdas. Se você as eliminar antes de chutar, sua probabilidade de acerto sobe de 20% para 33% ou 50%. Tudo que atenta contra a lógica, os princípios e o bom senso, tende a estar errado. Se algo não lhe parece bem, soa mal ou você sente que está esquisito, a tendência é que tal alternativa esteja errada. Portanto, cuidado.

5. **Eliminação das genéricas**. Em todas as áreas onde se lida com o comportamento humano e em todas as ciências não exatas, a tendência natural é a de que sempre existam exceções e ressalvas. Como diz o ditado, "*toda regra tem exceção*". Isso, no Direito, por exemplo, é quase uma constante. Ora, sendo assim as coisas, quando você estiver em dúvida, deve eliminar as alternativas que não abram espaço para exceções, com palavras como "nunca", "sempre", "sem exceções", "jamais" etc. A probabilidade de acerto será maior se marcarmos as questões mais abertas, que admitam uma ou outra exceção ou ressalva.

Cuidado ao utilizar essa técnica, como o mesmo ditado diz, toda regra tem uma exceção, logo NEM toda questão que tenha um vocábulo diretivo/ objetivo está errada.

Observação: Os critérios 1 a 5 são muito eficientes. Os 6 e 7 também são válidos, mas de menor aproveitamento que os anteriores.

6. **A letra "A".** Como a letra "A" é a primeira opção, a tendência é de que o examinador não goste de colocar a resposta certa logo de saída. A letra "A" é o lugar predileto do examinador para colocar as alternativas enganadoras, as "cascas de banana". Por essa razão, sempre que eu achava que a certa era a letra "A", dava uma conferida. Se confirmasse minha opinião, é claro que a marcava, pois devemos ter confiança no que estudamos. Mas nunca será demais ter um pouco de cautela com esta letra. Além disso, para chutar, eu, na falta de critério mais forte, desprezava a letra "A". Assim, entre "A" e "C", por exemplo, ia de "C". Essa técnica é melhor quando há dúvida. Se for chutar, utilize todas as técncias antes.

7. **A cara do cartão de respostas.** O examinador também tende a não colocar todas as respostas numa mesma letra. Logo, se estiver em dúvida entre a letra B ou C e as duas ou três anteriores e posteriores forem todas letra B, você pode tentar na C. Se a prova como um todo tiver várias respostas B, D e E, a probabilidade é que as outras sejam letra A e C. Aqui, quanto menor o número de uma das letras, mais chance existe da resposta estar nelas. É claro que esse recurso é o último dos últimos e também depende das outras respostas estarem corretas. Você também pode usar esse critério como auxiliar na escolha entre duas alternativas.

> "Nem sempre a resposta certa será aquela que a 'técnica do chute' indicar."

É até possível que um examinador tente inverter seu comportamento para alterar estes raciocínios, mas isso é difícil ocorrer porque ele normalmente tem que levar em consideração a média das pessoas e o fato de que, se não seguir as regras apontadas, fará questões mais fáceis para quem sabe alguma coisa.

Não dependa da sorte nem da probabilidade: estude para saber a resposta certa.

Curiosidade: É muito improvável que as letras do cartão de resposta formem palavras. Não tente ser engraçado porque isso só irá prejudicá-lo.

2.5. Estilos de prova e estilos de banca[15]

As formas de avaliação (estilos de prova) adotadas pelas **provas objetivas** de concursos públicos têm evoluído constantemente e usarei esse tópico para falar brevemente sobre elas. Basicamente, as conhecidas questões de múltipla escolha dividem-se em duas espécies: cinco alternativas e certo e errado.

Diversas instituições realizam concursos, usando um outro estilo de formulação das questões, mas o mercado acabou nominando o "tipo" de questão como sendo de estilo Esaf ou Cespe/UnB, que são as bancas pioneiras na formulação e, até hoje, muito respeitadas em todos os seus concursos.

Os cursos e editoras já preparam materiais específicos para uma ou outra modalidade de prova. Por exemplo, a Editora Impetus, da qual sou autor e presidente do conselho editorial, publica cada livro com questões de um dos dois estilos. Esta é uma tendência cada vez mais estabelecida.

Falarei um pouco sobre as bancas que mais estão em voga atualmente.

Esaf: caracterizam-se por exigirem do candidato a seleção de uma única opção, entre as cinco apresentadas seja ela a correta, a incorreta, a mais correta ou a mais incorreta; dependendo do proposto pelo enunciado. Falando em enunciados, a Esaf é conhecida por seus enunciados extensos e bastante detalhistas exigindo o máximo do candidato. Para essa banca é possível ao candidato utilizar-se do famoso processo de exclusão ou a "técnica do chute", restando-lhe, não raro, apenas duas opções e cabendo-lhe também selecionar a solicitada pelo enunciado.

Cespe/UnB: exige que, dentre as opções apresentadas, o candidato valorize cada uma, apontando se a assertiva está correta (c) ou é falsa (f). É certo que o autocontrole deve ser um ponto forte do candidato prestando uma prova dessa banca, devendo sempre resistir ao impulso natural de "chutar" uma resposta, pelo simples fato de que cada opção respondida de forma equivocada invalida uma opção correta, podendo, mesmo, a pontuação restar negativa em uma ou mais questões do concurso. Naturalmente, o cartão resposta aqui terá um *layout* completamente diferente daquele clássico com as opções definidas de "a" até "e" aparecendo várias letras "c" e "e" para julgar. Uma característica importante das provas da Cespe/UnB é que aborda muito o texto da lei, o básico da disciplina, portanto ou você sabe ou não sabe e nada de chutar.

FGV: a prova da FGV, muito conhecida por quem fez OAB ou pretende fazer provas para o Poder Legislativo, por exemplo; é uma prova de cinco alternativas. Ao contrário da Esaf, no entanto, as questões são, na imensa maioria das vezes, para marcar a alternativa correta. Um enunciado bem razoável e que não cansa o candidato.

---

[15] Por tratar-se de um resumo, falaremos apenas sobre provas objetivas, que abrangem uma maior quantidade de provas e concursos. Para se aprofundar nos demais estilos de prova, recomendamos a obra *Como Passar em Provas e Concursos* (versão integral) ou o site <http://www.williamdouglas.com.br>.

> ***Por que a produtividade aumenta à medida que a qualidade melhora? Simples: menos retrabalho. Não há tanto desperdício.***
>
> William E. Deming

2.6. Atitude com os fiscais de prova

Ao chegar para a prova, saiba exatamente seus direitos e deveres. Cumpra as determinações do Edital e dos fiscais. Evite qualquer motivo para discussão ou desavenças, até porque a tendência nos concursos é sempre se dar razão ao fiscal. Apenas tome uma atitude mais enérgica se o fiscal estiver desrespeitando sua integridade ou um direito claro que lhe assista. Em último caso, peça para que chamem o supervisor para dirimir alguma dúvida ou problema. Qualquer que seja a situação, mantenha a calma e seja educado.

Não aumente o tom de sua voz ao dirigir-se aos fiscais, mesmo que esteja com a razão, pois "*quem tem razão não precisa falar mais alto para demonstrá-la*".

Quanto menos se falar ou conversar com os fiscais, melhor.

Lembre-se: Fazer provas é bom, é uma oportunidade. Dela ou você sai aprovado ou com as dicas sobre onde precisa melhorar.

Nota: Reforçando, na obra *Como passar em provas e concursos*, da qual este livro é o resumo, abordamos outras modalidades de provas, como as dissertativas e as orais, bem como o psicotécnico. Caso o leitor tenha interesse, recomendamos a consulta ao referido material, bem como à página www.williamdouglas.com.br.

> ***A vida não tem ensaio: é espetáculo que estreia todo dia.***
>
> William Douglas, em "A última carta"

Capítulo 15

LEITURA OTIMIZADA

> Sempre imaginei o paraíso como uma espécie de livraria.
>
> Jorge Luis Borges

INTRODUÇÃO

A importância da leitura reside no fato de ser uma das mais utilizadas fontes de informação, além da mais disponível. Nem todos podem contar com bons professores ou possuem tempo para ouvir palestras, mas os livros estão sempre conosco ou em lugares acessíveis, como nas bibliotecas, nas livrarias, no seu computador ou tablet, enfim.

O material impresso também permite uma seleção maior daquilo que nos interessa ou não. Em um jornal, por exemplo, podemos ler rapidamente o texto descobrindo aquilo que compensa uma leitura mais detida e abandonando assuntos que não nos são úteis. Por isso mesmo que o jornal é escrito com a técnica do LIDE, na qual as principais questões (o que, quem, como, onde e por que) já são respondidas no primeiro parágrafo. Na internet isso é um pouco mais sensível, dado que são utilizadas muitas técnicas de atração, mas quase sempre é possível definir o conteúdo já nas primeiras linhas.

A importância da boa leitura é, portanto, consequência inevitável, dado que o concurseiro não deve, de forma alguma, desperdiçar seu tempo. Se é para ler, devemos, portanto, fazê-lo da forma mais eficiente possível, o que não significa ler rápido.

Ler eficientemente significa buscar utilidade e prazer no ato de ler e obter o melhor equilíbrio entre três valores, a saber:

1. Captação maior ou menor de informações
2. Fixação maior ou menor das informações captadas
3. Velocidade da leitura

Dependendo da ocasião, a velocidade não importa, como ao ler uma poesia, por exemplo, cujo objetivo é apreciar. Quando se lê apenas para tomar conhecimento do que está acontecendo pelo mundo, não existe a mesma necessidade de fixação que se dá em um texto que irá cair na prova etc. Daí decorre que faremos diferentes tipos de leitura, conforme nossos interesses. É preciso saber ler de formas diferentes, ora aumentando a velocidade, ora diminuindo conforme o objetivo e necessidade da sua leitura.

1. ESPÉCIES DE LEITURA

Existem diversos ritmos de leitura: a informativa, a de lazer e a de estudo (compreensiva). O nível de atenção e as técnicas para realizar satisfatoriamente cada uma delas variam. Quanto maior a necessidade de fixação, maior o número de técnicas a serem utilizadas. É até possível que em um dia em que esteja mais cansado, leia um livro sem todas as fases da leitura de estudo, mas como se fosse uma leitura informativa ou mesmo de lazer.

A **leitura dinâmica**, que todos conhecem, é o sonho de consumo de todo candidato, mas não é nenhuma solução milagrosa, principalmente se o aluno tiver a equivocada noção de que ler dinamicamente é sinônimo de ler rápido. Melhor do que ler rápido é ler bem e com eficiência. Já foi dito que há horas em que ler rápido será como visitar um museu e passar correndo pelas obras nele expostas. A boa leitura dinâmica é a que se adapta às circunstâncias, conforme os valores acima mencionados. Portanto, se quiser fazer leitura rápida, reveja sua técnica de estudo e coloque nos trilhos corretos sua preparação.

2. VÍCIOS DA LEITURA

Após vistas as técnicas de estudo e registrada a importância de desenvolver um bom vocabulário, devemos continuar a aperfeiçoar nossa leitura eliminando práticas que a prejudicam, os famosos vícios de leitura. Estes devem ser substituídos em função de nosso sucesso, da qualidade de nossa leitura e dos frutos que colheremos dessa mudança de atitude.

Como em tudo, a vontade é indispensável para corrigir os vícios, até porque normalmente eles estão fincados em nosso comportamento e parte indissociável de livrar-se deles é, justamente, a força de vontade. Não desanime com eventuais dificuldades iniciais. Persista até reeducar a si, ao seu cérebro, seus olhos etc. Assim como é natural (e fácil...) fazer do modo menos eficaz, em breve será natural e fácil fazer do jeito mais produtivo.

O subaproveitamento na leitura começa com a falta de motivação, de concentração, a pressa para se ler e a falta de tempo, as dificuldades decorrentes de um ambiente inadequado, a ansiedade etc.

Dentre eles, a **pressa ao se ler** é uma das atitudes mais negativas do leitor. Ler com pressa é o mesmo que não ler. A menos que se trate de um assunto sem importância, não leia correndo. É melhor fazer apenas uma leitura superficial e boa ou, dentro do possível, organizar melhor seu horário para poder ler sem ansiedade. A pressa é uma preocupação que domina o consciente deixando pouco espaço para a passagem de outras informações (aquilo que você está lendo).

2.1. Vícios mais comuns

Ler repetindo oralmente as palavras. Esta prática limita a velocidade da leitura à velocidade da fala. Nem mesmo os narradores de corridas de cavalo conseguem igualar a velocidade de leitura dos olhos e do cérebro à de suas palavras. Quantas vezes você não pensou em uma resposta e na consequência que ela traria nos segundos que precederam sua fase? O vício resulta numa leitura lenta e que permite devaneios.

Ler repetindo mentalmente as palavras (subvocalização). Embora não se "gaste" esforço com o aparelho fonador, a repetição mental das palavras tem quase a mesma velocidade da repetição oral, resultando nos mesmos defeitos da leitura em voz alta ou sussurrada.

Regressão. É o constante retornar dos olhos para procurar alguma coisa, tentar entender melhor ou apenas por vício. Se a leitura é única, é até possível, mas será sempre melhor uma leitura um pouco mais lenta e sem esse pingue-pongue. Em leituras de estudo, siga o SQ3R (Capítulo 11, item 5.4).

O acompanhamento da leitura com uma régua, caneta, lápis ou com os dedos é prática indicada por alguns e recriminada por outros. A vantagem do sistema é evitar a regressão e forçar a velocidade da leitura é ideal, por exemplo, na hora de marcar o cartão de respostas. Ocorre que os olhos possuem uma velocidade maior do que as mãos, de modo que só será útil a técnica se a mão for bastante rápida. Na maioria dos casos, os leitores "digitais" não movem os dedos ou caneta com a velocidade suficiente, caso em que, ao invés de auxílio, o que há é uma verdadeira "muleta", uma âncora de leitura e não é para fortalecer ou embasar a compreensão.

Leitura superficial. Fazer esta leitura também é perigoso. Se a coisa vale a pena ser lida, vale a pena ser bem lida. Você pode até fazer uma pré-leitura rápida para ver se o texto é de seu interesse ou tem utilidade, mas, após essa verificação, deve ler o texto com atenção e tentar a profundidade. Isso não significa, necessariamente, ler devagar. Às vezes uma leitura rápida (desde que atenta) é tão ou mais eficiente que a lenta, pois auxilia na concentração. O que deve ser evitado é a leitura sem atenção, interesse ou compromisso com a descoberta da mensagem contida no texto.

3. QUALIDADES E HÁBITOS DE LEITURA

> ***"Não se preocupe em entender. Viver ultrapassa todo o entendimento."***
> Clarice Lispector

Assim como existe o que não é bom, o vício, existe o que é positivo. É do que vamos tratar agora. Siga os conselhos a seguir para criar bons hábitos de leitura.

PROVIDENCIE UM AMBIENTE AGRADÁVEL

O ambiente de estudo, os cuidados com a saúde e os exercícios para a musculatura dos olhos são importantes.

INGRESSE EM UM ESTADO MENTAL PROPÍCIO

Um bom caminho é relaxar e concentrar-se. Existem inúmeras técnicas para isso.

PROCURE AS IDEIAS PRINCIPAIS DO TEXTO

Você pode usar um asterisco, uma caneta lumicolor ou qualquer outra simbologia. Crie a sua. Mas cuidado! Conheço pessoas que fazem tantas marcações, símbolos e dobraduras que se perdem em meio aos seus próprios "facilitadores". Se quer marcar bastante o seu texto, lembre-se de fazer uma legenda orientadora no início dele e a siga. Para evitar que a cada texto crie legendas/símbolos diferentes, siga um mesmo padrão.

IDENTIFIQUE QUAL É A SUA FINALIDADE

Ao ler o texto, identifique aquilo que você está procurando. É lazer, é aprendizado?

Esta é a fase do S (*search* = procura) do SQ3R.

RELACIONE PERGUNTAS

O que você quer ou gostaria de ver respondido ao final da sua leitura? Quais são as suas intenções?

O RESUMO

Faça um resumo. Ele pode ser feito em forma de árvore, fluxograma, esquema ou quadro sinótico.

O importante é resumir as informações essenciais de modo que, mesmo passado um período maior de tempo, seja possível recordar o básico da matéria apenas consultando o resumo. Existem algumas fichas que já têm até os espaços determinados para título, assunto etc. Como escrever é uma forma de rever e fixar, recomendamos que seus resumos sejam escritos, e não digitados, mas nada impede que faça um resumo digital que poderá consultar de qualquer lugar após tê-lo rascunhado no papel. Você também pode, se quiser, fazer virtualmente e passar a limpo seu fichamento.

REVISÕES

Servem para inventariar dúvidas e respondê-las, para perenizar ainda o registro da memória e para reativar a curva do esquecimento e da recordação.

Se o livro não é seu, obviamente você não deve fazer anotações nele. Utilize uma folha em separado.

Para quem nunca estudou ou leu dessa forma, o começo pode ser um pouco confuso ou assustador, mas o resultado final para os que tentarem e persistirem será muito positivo.

Dicas úteis:

- Dar aula sobre o assunto lido.
- Tentar reescrever o texto sem olhá-lo, mesmo que com suas palavras.
- Fazer um questionário sobre ele e respondê-lo ou pedir a alguém que lhe faça as perguntas que preparou.
- Se o texto ensina como fazer um pão, faça um pão.
- Invente maneiras de trabalhar, mexer, bater com o que foi lido.

> "Não existem textos interessantes, mas sim leitores interessados."

4. A CONCENTRAÇÃO E A EFICIÊNCIA NA LEITURA

A título de repasse do que já vimos, vamos falar um pouco mais sobre a concentração e a eficiência na leitura, sobre o que já falou o Professor Ricardo Soares, conforme reproduzo a seguir:[16]

Em grande parte o tempo efetivamente gasto com a leitura é desperdiçado com divagações. Algumas são sugeridas pelo próprio material, outras resultantes de simples distrações ou em função do ambiente onde é realizada. Esta dificuldade em manter a atenção é causa de grandes problemas. É necessário que se desenvolva a concentração pelo emprego de meios capazes de fixar a atenção. Podemos dirigir facilmente a atenção para determinado assunto, porém só o interesse é capaz de mantê-la.

E como estimular o interesse do leitor no seu cotidiano? Nem todo material abordado em uma determinada rotina de trabalho, por si só, consegue despertar o interesse. Uma atitude mental correta e uma predisposição favorável à abordagem do material é um auxílio direto à concentração, tendo em vista que não existem textos interessantes, mas sim leitores interessados. Quando o leitor tem uma finalidade, ele não só apresenta o impulso ou estímulo para a leitura, como dirige o processo e conserva a mente voltada para aquele objetivo, até que ele seja atingido.

Através de uma avaliação prévia do texto, consegue-se fazer a estipulação dos objetivos com grande economia de tempo, evitando, assim, muitas das divagações que normalmente ocorrem quando nenhum motivo ou finalidade é estabelecido para a efetuação da leitura.

A celeridade da leitura contribui também para a concentração. Quando o processo realiza-se lentamente, existe tempo para que interferências atuem desviando o leitor de sua linha de raciocínio tendo o mesmo que retroceder no texto para poder compreendê-lo, o que gera fadiga e desmotivação.

O primeiro passo para desenvolver a velocidade na leitura consiste, inicialmente, em dirigir a atenção para os hábitos que a promovem eliminando, por treinamento apropriado, aqueles que a retardam, como movimento dos lábios, cabeça e dedos. Desta forma, garante-se a agilização do processo de leitura.

Estando fixados os hábitos desejáveis, pode-se então dirigir a atenção para a organização do processo com relação aos diversos tipos de materiais presentes no cotidiano, fazendo da leitura uma ferramenta ajustável à sua necessidade.

[16] ***Leitura Dinâmica e Memorização***, 16ª edição (Editora Impetus). Confira em: <http://williamdouglas.com.br/project-view/leitura-dinamica/>.

Dica:

Se você tem dificuldade de concentrar-se na leitura, experimente verificar se está atendendo aos cuidados com a organização do tempo e de não ler com pressa de acabar.

Outra dica:

Em sua primeira leitura, não fique com caneta, lápis ou marcador na mão, isso pode acabar prejudicando sua leitura.

> ***"A experiência não é o que acontece com o homem; é o que o homem faz com o que acontece com ele."***
>
> Aldous Huxley

Capítulo 16

COMO APRENDER COM SEUS ERROS

> Não existe erro,
> só experiência.

1. UMA CULTURA DE VENCEDORES

Dentro da cultura em que vivemos hoje o que importa é vencer, ter dinheiro, ser famoso, estar "na crista da onda". O que se esquece e os profissionais do *marketing* já estão alertando para isso é que, um dia a onda acaba e você pode acabar morrendo na praia.

Por outro lado, já aprendi que derrotas ensinam, derrotas fazem meditar, derrotas exigem paciência, fortaleza, persistência. Derrotas exigem do derrotado a capacidade de superar-se, de melhorar, de tentar mais uma vez. Sob este aspecto, perder ensina muito mais do que vencer.

É preciso saber vencer e saber perder. Ao vencer, é preciso humildade e cautela. O fato de ter sido vitorioso hoje não nos assegura a vitória amanhã. Cada jogo é um jogo, cada campeonato um campeonato e competir é o que nos faz bons.

Ao perder, é preciso não se abater, treinar mais, aprender mais, tentar mais uma vez.

Perder em um concurso ou em uma prova exige a mesma disciplina que se espera de um atleta que não venceu. E, em concursos, temos muito mais oportunidades do que nos esportes. Uma Copa do Mundo ou um Campeonato não se repetem: o máximo que se consegue é ser o próximo campeão. Em concursos, uma vitória completa apaga todas as derrotas anteriores e ainda te dá tranquilidade para se dedicar com calma às próximas competições.

O que nossa sociedade não tem correta noção é de que a derrota traz em si um conteúdo didático, um legado de experiência e crescimento. Sob esse aspecto, em cada derrota esconde-se um elenco de vitórias, e a semente e a possibilidade de uma vitória no futuro. Tudo desde que se compreenda a grandeza de perder e de se persistir até vencer.

2. O MEDO DA DERROTA E DO ERRO

Exatamente por vivermos em uma sociedade que enaltece apenas o triunfo, como falamos, sem compreendê-lo bem, muitos passam a ter medo de tentar porque cada tentativa traz em si a possibilidade da vitória ou da derrota, do acerto ou do erro.

O pavor diante do erro e da derrota torna-se algo tão profundo que a pessoa prefere não tentar, a tentar e eventualmente ser derrotado ou errar.

Por esse motivo, muitos se sentem no limbo cinzento do comodismo, do receio e do medo porque não querem correr o risco necessário para se acertar.

Contudo, se você não pode perder, também não pode vencer.

Conheço muitas pessoas cujo orgulho ou receio impediram-nas de fazer um concurso, de tentar uma prova, de fazer uma entrevista, tudo com medo de perder. E, fazendo isso, enganadas por uma sociedade consumista e sedenta de heróis ilusórios, tais pessoas sentaram-se à mesa daqueles que bebem um vinho sem gosto, que comem uma comida sem sabor. Antes tentassem, antes perdessem, pois na derrota teriam mais honra e glória, na derrota teriam tido a virtude da busca da vitória, que é um valor que excede à vitória em si.

O filme 300, do diretor Zack Schneider, retrata exatamente essa honra em lutar e tentar e dar tudo de si para uma causa. Recomendo o filme e a técnica espartana para sua preparação para concursos. No meu site há uma lista de filmes recomendados que irão inspirá-lo e motivá-lo.

> ***"Não tenho medo do escuro, mas deixe as luzes acesas agora."***
> Renato Russo

3. A ATITUDE DIANTE DA VITÓRIA E DA DERROTA, DO ERRO E DO ACERTO

Um erro ou uma derrota, pois, devem ser vistos como oportunidades de aprendizado e, portanto, não como experiências negativas, apenas como experiências. O único erro inútil é aquele no qual não aprendemos nada, do qual não tiramos nenhuma lição.

Todas as coisas possuem aspectos positivos e negativos: valorizar apenas o lado bom do acerto e da vitória e apenas o lado negativo do erro e da derrota é uma crueldade. É preciso alertar os vencedores dos riscos da vitória e consolar os derrotados com as virtudes da falha.

O correto é você ter a seguinte atitude: **Faça o seu melhor**, **persista até vencer** e não se iluda com a vitória ou com a derrota, tratando-as como por vezes um capricho do destino ao qual você pode superar. **O aprendizado e o esforço pessoal é que são as verdadeiras conquistas.**

> ***"O único homem que nunca comete erros é aquele que nunca faz coisa alguma. Não tenha medo de errar, pois aprenderá a não cometer duas vezes o mesmo erro."***
>
> Roosevelt

4. A LIMITADORA IDEIA DA IMPOSSIBILIDADE

Não se limite pela ideia da impossibilidade. Já foi mostrado que pelas leis da aerodinâmica o besouro não poderia voar: seu corpo é muito grande, suas asas pequenas etc. Contudo, o besouro voa. Brinca-se que ele o faz porque não estudou Física e não sabe que não pode voar, ou seja, ninguém falou para ele. Assim, não se limite pela ideia da impossibilidade. A crença na possibilidade gera a capacidade interior para trabalhar, persistir e conseguir.

Conheço pessoas que deixaram de ser porque deixaram de acreditar que podiam ser. Há pessoas fazendo cursos preparatórios porque todos fazem, porque a família quer, porque precisam se "enganar", precisam acreditar que estão tentando. Essas pessoas no fundo não se esforçam porque, também no fundo, não acreditam sinceramente que podem. Este tópico tem muito a ver com o início deste livro, quando se fala que é imprescindível acreditar que o objetivo pode ser alcançado.

As pessoas olham o sonho, o objetivo, as metas com um respeito tão grande que os veem longe, muito longe, tanto que é quase impossível (ou mesmo impossível) chegar lá. Não faça isso: não imagine o objetivo como algo impossível.

Veja-o, toque-o, sinta-o, ouça-o e perceba-o. Não se limite pela ideia da impossibilidade. Antes, **motive-se pela possibilidade**.

CONCLUSÃO

Estabeleça uma relação harmoniosa entre o desempenho obtido no passado e o pretendido no futuro. Visualize e mentalize sempre o que quer obter no futuro. Adquira uma atitude positiva em relação a eventuais reveses, e prudente diante dos cada vez mais numerosos triunfos.

- Mantenha uma constante atitude de aprendizado.
- Trate a vitória e a derrota, o erro e o acerto com a mesma serenidade.
- Não tenha medo de tentar, errar ou perder.
- Trabalhe diligentemente para acertar e vencer. Trabalhe para vencer sempre. Tenha autodisciplina para procurar fazer sempre e cada vez melhor. Tenha acuidade para competir apenas com o próprio desempenho e comparar seu rendimento pretérito com o presente e o presente com o futuro. É fácil vencer os outros. Vencer a si mesmo é que constitui o grande desafio.
- Não acredite em impossibilidades. Acredite em possibilidades.
- Não desista. Persista até obter êxito.
- **Faça as coisas acontecerem.**

> ***"Sucesso é acordar de manhã – não importa quem você seja, onde você esteja, se é velho ou se é jovem – e sair da cama porque existem coisas importantes que você adora fazer, nas quais você acredita, e em que você é bom. Algo que é maior que você, que você quase não aguenta esperar para fazer hoje."***

Whit Hobbs, citado por Richard Edler

Capítulo 17

COMO OTIMIZAR O SUCESSO

> O homem é um sucesso se pula da cama de manhã e vai dormir à noite e, nesse meio tempo, faz o que gosta.
>
> Bob Dylan

INTRODUÇÃO

Se senti-me levado a anotar minha experiência em estudar e fazer provas, não poderia concluir a tarefa sem mencionar ainda uma outra experiência: a de quem viu inúmeras pessoas tentando, umas conseguindo, outras não; de quem viu inúmeras pessoas de sucesso, outras não; de quem viu muitas pessoas ricas e pobres; e nos dois grupos a felicidade e a frustração, a esperança e a desesperança.

Falar sobre como estudar para obter vitórias e deixar de dizer qual o melhor conceito de vitória seria um erro. Por isso creio que este é o capítulo mais importante do livro. Não acredito que alguém em sã consciência queira passar em algum concurso apenas por passar, apenas para pegar um prêmio, um título, um emprego, um *status*, para provar algo para si mesmo ou para outrem.

Estas são até boas motivações, mas é muito, muito pouco, comparado com o fim mais nobre de tudo o que devemos fazer, que é alcançar a felicidade. A capacidade de adaptar-se e buscar a felicidade, já dissemos, é o melhor conceito de inteligência. Ser feliz é o propósito, e ser feliz não quer dizer necessariamente "ter sucesso" ou "ter dinheiro" na forma como este é medido por nossa vã cultura e sociedade.

Assim, permita-me, como a um amigo, falar um pouco sobre o que chamei de "otimização do sucesso". Ele, o sucesso, tanto quanto o estudo e o tempo, pode render mais frutos e ser mais proveitoso.

O sucesso, quando desacompanhado de certos elementos, é algo bem próximo do fracasso, tendo ainda um agravante: aquele que não "venceu na vida" muitas vezes é infeliz e imputa tal estado a não ter isto ou aquilo, a não ser dono deste ou daquele bem ou algo assim. Quem chega a um bom patamar e ainda não soube encontrar a felicidade não tem sequer esta ilusão. Não é à toa que o índice de suicídios é tanto maior quanto maior o nível social e econômico. Os abastados já têm dinheiro e com isso descobrem que ele não é garantia de felicidade.

A **felicidade** está em um ponto diferente do sucesso material e profissional. Embora estes possam ajudar, a felicidade mora ao lado, não na morada do sucesso. É preciso sair para a rua para encontrá-la, pois ela está à nossa espera. Precisamos abandonar o nosso próprio castelo para achá-la. Richard Edler, citando Whit Hobbs, expôs um bom conceito de sucesso: *Sucesso é acordar de manhã – não importa quem você seja, onde você esteja, se é velho ou se é jovem – e sair da cama porque existem coisas importantes que você adora fazer, nas quais você acredita, e em que você é bom. Algo que é maior que você, que você quase não aguenta esperar para fazer hoje.*

É profunda a proposição do filósofo: "*É melhor estar errado e ser feliz.*"

Além disso, o sucesso pessoal só é válido quando reverte para a família e para a comunidade. Se não for assim, não passa de uma seca celebração do próprio egoísmo.

Permita-me, como tenho feito desde o início, algumas sugestões:

1) Tenha em mente que há um objetivo a ser alcançado, mas que tão importante quanto ele é manter uma jornada de sucesso e com paz de espírito.

2) É possível, através do esforço e da otimização do tempo e do estudo, manter a paz de espírito mesmo em uma situação de esforço continuado na busca do objetivo.

3) Ao alcançar seus objetivos, lembre-se da humildade e de ter a consciência de que nossa vida é "*um vapor que aparece por um pouco, e logo se desvanece*" (Tiago 4:14).

4) Procure agradecer a Deus e a seus ajudadores (familiares, amigos e professores) pelo sucesso alcançado.

5) Procure partilhar parte de seu sucesso, tempo e bens materiais com outras pessoas, inclusive aquelas que não lhe podem retribuir.

Todos nós somos a possibilidade daquilo que queremos ser no futuro e nossa vontade, se for suficientemente constante, transformará oportunidades em acontecimentos, em realidade.

Um dos prazeres que tive em minha carreira como autor foi escrever o livro *A última carta do tenente*, hoje publicado pela Editora Planeta e que já entrou na lista dos mais vendidos. Tomo a liberdade de citá-lo, pois o fato que o inspirou merece reflexão. Um acidente fez com que marinheiros do submarino soviético Kursk ficassem presos no fundo do oceano, sem chances de socorro. Eles devem ter pensado muito sobre o que a vida vale, para que serve, o que fariam se pudessem voltar e viver o que ainda estavam para viver. Usando a situação como ponto de partida, escrevi que, para mim, estamos neste planeta para basicamente três coisas: **aprender**, **servir** e **curtir**. Não deixe para fazer amanhã qualquer dessas três coisas.

No nosso caso, amigo, ainda estamos com as escotilhas abertas para o céu, com a chance de fazer o que mais nos interessa. Mais do que objetivos a realizar ou já realizados, acredito que a vida vale pela nossa capacidade de estarmos sempre aprendendo, ajudando naquilo que couber e aproveitando o dia, o amor, as coisas que prezamos, a comida, o vinho do dia.

Embora eu lhe sugira novos objetivos, penso que nenhum é maior do que ser feliz e espalhar felicidade em volta.

> ***Se você aceitar as perspectivas dos outros, especialmente as negativas, nunca há de modificar o resultado.***
>
> Michael Jordan

1. CONTRIBUIÇÃO

Quando falei que é preciso sair à rua para encontrar a real felicidade, falei em sair de si mesmo, do egocentrismo. Mesmo que não seja uma opção de fé, ao menos seja a compreensão de que, como já disse Paulo Ramos: *A felicidade só é completa quando é coletiva.*

Isto também nos foi dito, de forma parecida, por G. Bernard Shaw:

> "Não temos o direito de consumir felicidade sem produzi-la."

Neste ponto surge a possibilidade da **contribuição**, que não será nada além do que procurar repartir um pouco do que se tem com outras pessoas, quer sejam conhecidas, quer não. Você pode fazer isso por várias razões, como evangélico, católico, espírita, budista ou mesmo ateu (visando, por exemplo, à melhoria da sociedade). O importante é que você faça. Se não for por outro motivo, que seja pelo ensino do sábio Salomão: "*Ao que distribui, mais se lhe acrescenta, e ao que retém mais do que é justo, é para sua perda*" (Provérbios 11:24).

Já disse que as "*pessoas são sozinhas porque constroem muros ao invés de pontes*". A contribuição é uma forma de construir pontes. Procure dar algo de bom aos outros, não necessariamente seus conhecidos. Experimente reservar parte de seus ganhos para doação a algum orfanato ou asilo, por exemplo, ou para ajudar aquele amigo ou parente necessitado.

Depois, você pode aprofundar sua contribuição, inspirado em Khalil Gibran, que disse que: "*Quando você dá de suas posses aos outros, você dá pouco; quando você dá de si mesmo, então você realmente dá algo de valor.*" Experimente participar de algum trabalho religioso, social ou filantrópico. Visite, ouça, ajude. **Contribua**.

> "Há duas formas de merecer o sucesso:
> a primeira é trabalhar por ele,
> a outra é o que você faz com ele."

2. UMA PALAVRA FINAL

> ***Se não puder destacar-se pelo talento, vença pelo esforço.***
> Dave Weinbaum

Ao terminar a leitura deste Capítulo, que é o último deste livro, é produtivo tomar algumas decisões/iniciativas:

- Distinga o sucesso pessoal do sucesso real, considerando este como um aperfeiçoamento daquele.
- Aproveite as oportunidades que a vida lhe concede. Considere as enormes possibilidades que decorrem de nossos sonhos, vontade e ação.
- Ao obter sucesso, aproveite-o e, em seguida, trace seus próximos objetivos.
- Ame pessoas, use coisas. Nunca o contrário.
- Dê sua contribuição ao próximo e à sociedade.
- O tempo vai passar de qualquer maneira, você pode aproveitá-lo estudando e se preparando para passar ou sem fazer nada. Escolha aproveitar seu tempo investindo em si mesmo e no seu futuro.

Costumo sempre terminar meus Seminários de Otimização do Estudo com um texto bíblico que possui perfeita aplicação para quem está envolvido em um projeto de estudo. Para você compreender a comparação, saiba que o apóstolo Paulo referia-se ao relacionamento entre o homem e Cristo e à busca constante do aperfeiçoamento dessa relação. Só que, ao fazer isso, reflexamente, Paulo ensinou muito sobre como estudar e ter sucesso em provas e concursos. O texto está em I Coríntios 9:24-27. Se quiser, dê uma lida no texto e veja como ele se aplica a passar em concursos.

TEXTO	APLICAÇÃO À OTIMIZAÇÃO DO ESTUDO
"Não sabeis vós que os que correm no estádio, todos, na verdade, correm, mas um só leva o prêmio? Correi de tal maneira que o alcanceis."	Ao comparar a busca do objetivo com o esforço dos atletas, o apóstolo demonstra a seriedade e dedicação que estes possuem e que deveríamos imitar. Em nosso caso temos uma vantagem: aqui não há medalha e prêmio apenas para o primeiro, nós temos vagas e vagas. Basta chegar: não é preciso ser o melhor, pois aquele que trabalha com razoável esforço também terá seu lugar.
"Todo atleta em tudo se domina; eles o fazem para alcançar uma coroa corruptível; nós, porém, a incorruptível."	Paulo indica a autodisciplina e o domínio próprio necessários ao atleta e a nós mesmos. Se no item 2 há uma vantagem, aqui temos uma desvantagem. Tanto o atleta quanto nós mesmos, em provas e concursos, estamos buscando coroas corruptíveis, cujo valor pode se empanar se não tivermos atenção. Apenas a "coroa da vida" (Deus) é algo incorruptível.
"Pois eu assim corro, não como a coisa incerta; assim combato, não como batendo no ar."	Outro ponto em comum é que quem se esforça e persiste não está indo para algo incerto ou que pode não acontecer. A combinação de esforço, dedicação e trabalho inevitavelmente leva à vitória, mais cedo ou mais tarde. A ideia de "dar socos no ar" é bem adequada para demonstrar que o estudo e o esforço não devem ser feitos sem organização e técnica, para não haver desperdício de trabalho e de tempo.
"Antes subjugo o meu corpo, e o reduzo à servidão, para que, pregando aos outros, eu mesmo não venha de alguma maneira a ficar reprovado."	Mais uma vez, realça-se a necessidade de autodomínio. Da mesma forma que o atleta, Paulo subjugava seu corpo, pondo-o como "escravo" de sua vontade. É assim que devemos agir para não sermos reprovados. Claro que não trato de uma reprovação eventual, ou até várias, trato de não se chegar ao resultado positivo, mesmo que leve tempo e necessite-se de paciência.

Como já disse na apresentação deste modesto manual: "*Não se pode ensinar tudo a alguém, pode-se apenas ajudá-lo a encontrar por si mesmo.*" Este livro não se propõe a dar soluções prontas. Eu não lhe posso dizer seu próximo passo ou o que você deve fazer. O máximo que se me permite é indicar alguns caminhos, transmitir alguma experiência e dar algumas ideias. O prazer de assumir atitudes, de escolher, prosseguir, fazer, aplicar e personalizar as técnicas, tentar, errar e acertar, todo este prazer é seu.

Então, se estas experiências e técnicas tiverem tido alguma valia para você encontrar com mais facilidade seu próprio caminho, ter escrito este livro terá valido a pena. Se isso acontecer, me avise, ok? Use a página da Editora, a minha, ou minhas redes sociais para tanto.

Concluindo, posso dizer que se pudesse resumir todas as técnicas em uma única frase, diria aquilo que se lê em Colossenses 3:23:

"E tudo quanto fizerdes, fazei-o de coração (...).

Se você fizer isso, se colocar seu coração em cada projeto que eleger, os resultados virão no tempo oportuno e você será mais feliz, mesmo antes de chegar.

Com votos de sucesso, saúde e paz,

Bibliografia

BARKER, Joel Arthur. *The business of paradigms*. USA: ChartHouse International Learning Corporation. Videocassete.

BÁRÁNY, Julia (org. e trad.). *Grandes mestres – Sabedoria milenar hoje*. São Paulo: Mercuryo, 2002.

BARROS, Francisco Dirceu; DOUGLAS, William. *Carta aos concursandos*. Rio de Janeiro, Campus/Elsevier, 2006.

Bíblia. Versão revisada, de acordo com os melhores textos em hebraico e grego, da tradução de João Ferreira de Almeida. Imprensa Bíblica Brasileira, 8ª impressão, 1992 & Versão revista e atualizada da tradução de João Ferreira de Almeida. 2ª ed., Sociedade Bíblica do Brasil, 1993.

BLOOM, Floyd E. *The role of cyclic nucleotides in central synaptic function*. Rev. Physiol. Biochem. Pharmacol, 1975.

________. *Transmissão neuro-humoral e o sistema nervoso central*. In: Goodman & Gilman (1987).

BRECHT, Berthold. *Poemas*. 2ª ed. Brasiliense.

BRINER, Bob. *Os métodos de administração de Jesus*. São Paulo: Mundo Cristão, 1997.

CORREIA, José Manuel Duarte. Conferência proferida no Rio de Janeiro, 1997.

CUNHA, Abdon de Morais. *Técnicas de falar em público*. Goiânia: AB, 1994.

DEMING, William Edwards. *Qualidade: a revolução da administração*. Rio de Janeiro: Marques-Saraiva, 1990.

DOUGLAS, William. *A última carta do tenente*. São Paulo: Planeta, 2016.

________. *Criando campeões*. Rio de Janeiro: Ediouro, 2008.

________. *A arte da guerra para provas e concursos*. 5ª ed. Rio de Janeiro: Campus/ Elsevier, 2011.

________. *A maratona da vida – Um manual de superação*. 4ª ed. Rio de Janeiro: Impetus, 2011.

________; ZARA, Carmem. *Como usar o cérebro para passar em provas e concursos*. 7ª ed. Niterói: Impetus, 2015.

DRYDEN, Gordon & Vos, Jeannette. *Revolucionando o aprendizado*. São Paulo: Makron Books, 1996.

EDLER, Richard. *Ah, se eu soubesse...* 3ª ed. São Paulo, Negócio Editora: 1997.

FERREIRA, Aurélio Buarque de Holanda. *Dicionário Aurélio eletrônico*. Rio de Janeiro: Nova Fronteira, 1996.

FRANK, Milo O. *Como apresentar as suas ideias em 30 segundos, ou menos*. 10ª ed. Rio de Janeiro: Record, 1996.

FREIRE, Paulo. *Ação cultural para a liberdade e outros escritos*. Rio de Janeiro: Ed. Paz e Terra, 1976.

GARDNER, Howard. *Frames of mind*. Nova Iorque: Basic Books, 1983.

GOLEMAN, Daniel. *Inteligência emocional*. Rio de Janeiro: Objetiva, 1996.

GOODMAN, Louis S. & Gilman, Alfred Goodman. *As bases farmacológicas da terapêutica*. 7ª ed. Rio de Janeiro: Guanabara Koogan, 1987.

HOLLANDA, Aurélio Buarque de. *Dicionário eletrônico*.

HOUAISS. *Dicionário eletrônico*.

IDEAS INTO ACTION. USA: Melrose Films. Videocassete.

JOHNSON, Rita B. & Johnson, Stuart R. *Assuring with self instructional pack chapel H.* U.N.C. 27514 – 1971.

LAHAYE, Tim. *Temperamentos transformados*. 18ª ed. São Paulo: Mundo Cristão, 1997.

LIPPMANN Júnior, Edgar Antonio. *Direito do jurisdicionado à prestação jurisdicional rápida*. In: Revista da AJUFE, dezembro de 1993.

MACHADO, Angelo B. M. *Neuroanatomia funcional*. 2ª ed. Belo Horizonte: Livraria Atheneu Editora, 1993.

MACHADO, Luiz. *Introdução à ap8,10,11,72,107,194,196rendizagem acelerativa*. Rio de Janeiro: Edição do Autor, 1991.

________. *O segredo da inteligência*. Rio de Janeiro: Edição do Autor, 1992.

________. *O cérebro do cérebro: as bases da inteligência emocional e da aprendizagem acelerativa*. Rio de Janeiro: Edição do Autor, 1997.

MAHAN, L. Katheel & Sylvia Escott-Stump. Krause – Alimentos, Nutrição e Dietoterapia. 10ª ed. São Paulo: Editora Roca, 2002.

MÁRQUEZ, Gabriel García. *Gabriel García Márquez conta como contar um conto*. Niterói: Casa Jorge Editorial, 1995.

MENDES Filho, Gildásio Álvares & Santos, William Douglas Resinente dos. *Gestão de serviços públicos com qualidade e produtividade*. 2ª ed. Rio de Janeiro: Editora Universitária 9/9 – UNIVERSO, 1997.

MORAES, Vinicius de. *Livro de sonetos*. 12ª ed. Rio de Janeiro: José Olympio, 1981.

MORGAN, Clifford T. & Deese, James. *Como estudar*. 3ª ed. Rio de Janeiro: Freitas Bastos, 1969.

McNALLY, David. *Even eagles need a push*. USA: CRM Films. Videocassete.

NASSAR, Raduan. *Lavoura arcaica*. 3ª ed. São Paulo: Companhia das Letras, 2001.

O'CONNOR, Joseph & Seymour, John. *Introduzindo a programação neurolinguística: como entender e influenciar pessoas*. São Paulo: Summus, 1995.

PEIXOTO, Maurício. Notas de aula (Método e Pensamento Científico). UFRJ.

PEIXOTO, Maurício & GUIMARÃES, Maria Teresa. *Aprenda a aprender: emotivação – alta ajuda para vencer em concurso público*. Rio de Janeiro: Elsevier, 2005.

PESSOA, Fernando. *Obra poética*. 7ª ed. Rio de Janeiro: Ed. Nova Aguilar, 1977.

PIMENTEL, Ernani Filgueiras. *Intelecção e interpretação de textos*. 14ª ed. Brasília: Vest-con, 1997.

QUEIROZ, Jerônimo Geraldo de. *Manual do orador*. Goiânia: AB, 1993.

SANTOS, Izequias Estevam dos. *Manual de métodos e técnicas de pesquisa científica*. 12ª ed. Rio de Janeiro: Impetus, 2016.

SCHEELE, Paul R. *O sistema "Whole Mind" de fotoleitura*. São Paulo: Summus, 1995.

SILVA, Wilney Magno de Azevedo. *Ação civil pública e controle jurisdicional dos atos administrativos*. Rio de Janeiro: Aldebarã, 1996.

SINGLETARY, Mike. *A team of eagles*. USA: Dartnell Corporation. Videocassete.

SOARES, Ricardo; DOUGLAS, William. *Leitura Dinâmica e Memorização*. 16ª ed. Niterói: Impetus, 2016.

SPRITZER, Nelson. *Pensamento & mudança: desmistificando a programação neurolinguística (PNL)*. 6ª ed. Porto Alegre: L&PM, 1993.

STERENBERG, Albert & Costa, Eneide O. *Seminário de introdução à Programação Neurolinguística – PNL*. Notas de Aula, 1997.

STOTT, John R. W. *A mensagem do Sermão do Monte*, 2ª ed. ABU Editora, 1993.

SUN TZU. *A arte da guerra*. Rio de Janeiro: Record, 1996.

TAFNER, Malcon Anderson; Xerez, Marcos de & Rodrigues Filho, Ilson Wilmar: *Redes neurais artificiais: introdução e princípios de neurocomputação*. Blumenau: EKO/FURB, 1995.

WEIL, Pierre & Tompakow, Roland. *O corpo fala: a linguagem silenciosa da comunicação não verbal.* 17ª ed. Petrópolis: Vozes, 1986.

WEISS, Donald H. *Aumente o poder de sua memória.* São Paulo: Nobel, 1990.

________. *Como falar em público: técnicas eficazes para discursos e apresentações. São Paulo: Nobel, 1991.*

Índice Remissivo

D

Q

R

S

T

ANOTAÇÕES

RUA ALEXANDRE MOURA, 51
24210-200 – GRAGOATÁ – NITERÓI – RJ
Telefax: (21) 2621-7007
www.impetus.com.br

Esta obra foi impressa em papel offset 75 grs/m²